**세월호참사
팩트체크**

※ 이 도서의 국립중앙도서관 출판예정도서목록(CIP)은
   서지정보유통지원시스템 홈페이지(http://seoji.nl.go.kr)와
   국가자료공동목록시스템(http://www.nl.go.kr/kolisnet)에서 이용하실 수 있습니다.
   (CIP제어번호: CIP2017021007)

세월호참사 팩트체크

: 밝혀진 것과 밝혀야 할 것

416세월호참사 국민조사위원회 지음
416가족협의회 · 416연대 공동기획

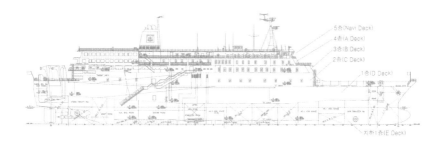

북콤마

시민의 부재를 보여주는 참사가 되어서는 안 됩니다

상상하지 못했던 책 제목입니다. 특별하지 않은 이 문장에 참 많은 것이 담겨 있습니다. 고통스러운 마음, 그럼에도 진실을 향해 나아가겠다는 결연함이 담겨 있습니다. 어찌 귀 기울이지 않을 수 있을까요? 동료 시민으로서, 또 책임 있는 정치인의 한 사람으로서.

세월호 참사가 일어난 지 3년이 지났지만 진상 규명은 완전히 이루어지지 않았습니다. 지난해 10월, 세월호특조위는 최종 보고서도 완성하지 못한 채 활동을 접어야만 했습니다. 사고의 진상을 규명할 책임이 있는 국가가 실종된 현실을 다시 한 번 확인해야 했습니다. 유가족과 미수습자 가족들, 그리고 그들을 지켜보아야 하는 시민들이 느꼈을 절망감을 헤아리기가 어렵습니다. 그렇다고 절망에 머물러 있을 수도 없습니다. 유가족과 시민들은 그들이 직접 참여하는 민간 차원의 국민조사위원회를 꾸려야 했습니다. 정부 등에 대한 조사권이 없는 상황에서도 하나의 실마리라도 밝혀 진실에 가까이 가기 위해 애쓰고 있습니다. 그리고 그 과정을 책으로 묶어 우리에게 다시 말을 걸어왔습니다.

4·16 이전과 이후는 달라야 합니다. 세월호 참사는 국가의 부재를 보여주는 국가적 참사이지만, 시민의 부재를 보여주는 참사가 되어서는 안 됩니다. '퇴선 명령을 내렸더라면…' 하는 상상은 부질없는 것이 아닙니다. 앞으로 다시는 이런 참사가 없어야 하기에 고통스럽지만 함께 해야 하는 과정입니다. 우리가 아무리 고통스럽다 해도 희생자 가족보다 고통스럽지는 않을 것입니다. 저는 감히 호소합니다. 이분들이 어렵게 꺼낸 이야기에 경청하자고요. 그렇게 시민들의 힘을 모을 때 진실을 밝힐 수 있을 것입니다.

_박원순 서울시장

세월호 참사의 핵심을 빠짐없이 담았다

지난해 9월 30일 416세월호참사 특별조사위원회는 박근혜 정부에 의해 강제 종료되었다. 그때부터 1년 가까이 되는 지금 많은 변화가 일어났다. 박근혜 전 대통령은 국정 농단 사건 등으로 헌법재판소에서 탄핵 결정을 받은 데 이어 구속 상태로 재판을 받고 있다. 새 정부가 구성되어, 세월호특조위의 소관 부서를 자임했던 해양수산부 장관이 국회 농림축산식품해양수산위원회 위원장이던 더불어민주당 김영춘 의원으로 바뀌었다. 2015년 봄부터 시작되었으나 세월호 참사 유가족과 국민들의 바람과 달리 도무지 진척이 되지 않던 세월호 선체 인양 작업이 마침내 성과를 보였다. 그 결과 공교롭게도 박근혜 전 대통령이 수감되는 날 세월호 선체가 해상으로 올라 왔다. 세월호 선체는 이후 목포신항으로 옮겨져 현재 왼쪽으로 누운 침몰 당시의 자세 그대로 육상에 거치되어 있다. 그에 따라 선체 수색 작업 등이 이루어져 미수습자 일부가 가족의 품으로 돌아오고 있다. 또 세월호의 침몰 원인 등을 조사하기 위한 세월호선체조사위원회가 관련 특별법에 따라 구성되어 지난 7월부터 공식적으로 활동 중이다.

이와 같은 극적인 상황 변화는 세월호특조위가 강제 종료될 당시에는 미처 예상하지 못했던 일들이다. 세월호특조위는 박근혜 정부의 조치에 맞서 지난해 7월 하순부터 10월 초순까지 광화문 세월호광장에서 위원장을 위시해 조사관들에 이르기까지 단식 농성을 했다. 세월호특조위로서는 송구스럽게도, 농성 시작 후 얼마 되지 아니하여 유가족까지 무기한 단식 농성의 형태로 참여했다. 그러면서 한목소리로 세월호 참사의 진상 규명과 세월호특조위의 조사 활동 보장을 요구했다. 이후 단식 농성을 마무리할 때까지 많은 시민과 단체들이 광화문 세월호광장을 찾아와 농성에 참여하고 지지했다. 하지만 농성장의 천막을 치우던 지난해 10월 초순 무렵까지 박근혜 정부나 국회로부터 세월호특조위의 활동 보장과 관련한 아무런 긍정적인 답변도 나오지 않았다. 단식까지 하며 세월호 참사의 진상 규명을 외치던 희망의 불꽃이 그렇게 꺼지는 줄 알았다.

그러나 그게 끝이 아니었다. 세월호특조위의 문은 강제로 닫혔으나 이후 조사관들은 별도의 모임을 지속하며 조사 활동을 이어 갔다. 또 정부 기구가 아니라, 유가족과 시민이 중심이 되어 416세월호참사 국민조사위원회를 만들었다. 이들은 힘을 합쳐 세월호 참사의 진상을 규명하고 안전 사회를 위한 대안을 만들고자 새로운 각오와 결의를 다졌다.

그러자 불과 얼마 전까지 단식하던 바로 그 자리 부근에서 대반전이 시작되었다. 역사적인 촛불 민심과 민주주의를 향한 함성의 폭발, 그 전개 과정과 결말을 여기에 되풀이해 적을 필요는 없으리라. '어둠은 빛을 이길 수 없다. 진실은 침몰하지 않는다'는 유가족과 시민들의 합창이 거대한 촛불 대열을 맨 앞에서 이끌었다. 세월호특조위 해체의 명분을 제공했던 이른바 '대통령의 7시간' 의혹은 시민들의 일치된 조사 요구 사항으로 메아리쳤다. 그렇게 해서 대통령 파면 사유의 하나로 모아졌다. 박근혜 전 대통령은 세월호 참사에 대한 정부의 구조 실패 책임과 참사 당일 대통령으로서 직무를 다하지 않은 잘못을 감추기 위해 안간힘을 썼으나, 이제 대통령 자신을 포함한 과거 정부가 세월호 참사에 대해 총체적인 책임이 있음은 공지의 사실로 드러나고 있다.

'세월호참사 팩트체크'라는 책 제목이 시사하듯, 416세월호참사 국민조사위원회가 펴내는 이 책자는 전문가가 아닌 보통 사람의 상식적인 눈높이를 생각하며 썼다. 책은 세월호 참사 후 3년 이상 이 지났는데도 여전히 남아 있는 문제점과 의혹이 무엇인지 하나 하나 짚고 있다. 서술은 친절하고 읽기 쉬우나, 분석은 정확하고 예리하다. 그래서 신뢰를 더해준다.

책은 또 참사와 연관된 주요 사항을 다른 관점에서 보아야 할 필요성을 제기한다. 예를 들면, 참사 당일 오전 10시부터 오후 5시까지의 시간을 가리키는 '대통령의 7시간'의 프레임 문제를 지적한다. 이 '7시간' 프레임에 갇힘으로써, 마치 대통령의 직무가 참사 당일 오전 10시부터 시작되는 것으로, 즉 세월호 침몰 직후부터 오전 10시 이전까지는 정상적인 직무를 수행한 것처럼 잘못 보아서는 안 된다는 점을 일깨워준다.

이 책을 통해 세월호 참사를 둘러싼 대부분의 진실은 여전히 어둠 속에 있으며, 진상 규명은 이제부터임을 확인할 수 있다. 책의 후반부엔 박근혜 정부에 의해 조사 활동이 지속적으로 방해받고 중간에 강제 종료 조치를 당하게 된 세월호특조위에 관한 내용이 담겨 있다. 그 부분을 통해 독자들은 세월호특조위가 감내해야 했던 사정을 어느 정도 이해할 수 있을 것이라 생각한다. 세월호특조위 운영에 책임을 졌던 사람으로서 이 부분 또한 고맙다는 말씀을 전하고 싶다.

이 책은 짧은 기간에 집필되어 분량이 많지 않음에도 불구하고, 세월호 참사의 핵심이라 할 내용을 빠짐없이 담고 있다. 그래서 현재 활동 중인 세월호선체조사위는 물론 앞으로 구성될 2기 세월호특조위에도 커다란 도움이 될 것으로 믿는다. 그 점에서 이 책의 집필에 참여한 국민조사위원회 여러분에게 깊은 감사의 말씀을 드리고 싶다. 국민조사위원회의 노고에 힘입어 세월호선체조사위가 훌륭한 성과를 내고, 장차 구성될 2기 세월호특조위의 활동을 통해 우리 사회가 마침내 세월호 참사를 딛고 마침내 좀 더 안전한 사회로 나아가기를 바라 마지않는다.

_이석태 변호사, 전 세월호특조위 위원장

2기 세월호특조위가 조속히 구성되기를 바라는 기원석으로

지금도 알 수가 없다

그날, 전 국민이 눈 뜨고 보고 있는 동안, 어째서 그렇게 우리 눈앞에서 아이들은 믿고 기다리다 죽어갔을까. 국민 누구나 그랬듯이 나도 그 죽음을 이해할 수도, 용납할 수도, 인정할 수도 없었다.

'왜'냐고 물어보아도 누구도 '아, 그래서 그랬구나' 하고 답해주지 못했다. 오늘까지.

지금도 알 수가 없다. '진실을 알고 싶다'는 목소리, 아우성에 가해진 탄압들. 세월호 아이들의 얼굴을 그림으로 담기 위해 분향소에 갔다. 아이들의 표정, 눈매를 보는 일은 너무 힘들었다. 마음을 다잡고 다시 보고, 또 보았다. 그렇게 아이들과 친구가 되었다. 아이들 하나하나 손을 잡고 물속에서 끌어올리는 것 같은 착각이 들기도 했다. 그 일이라도 할 수 있어서 다행이었다.

아이들은 친구가 된 나에게 오늘도 말한다. 우리의 관심이 없어지면 자신들도 잊혀질 것이라고. 아직은 억울함이, 원통이 풀리지 않았다고.

유족들의 바람은 간단하다. 이 죽음의 진상을 밝히는 것. 그리고 다시는 이런 일이 일어나지 않게 하는 것. 아이들의 죽음이 헛되지 않게 제대로 된 세상, 더 행복한 세상을 만드는 것이다.

세상에 나온 이 작은 책이 진상 규명의 시작이 될 수 있기를 희망한다. 강력하고 든든한 2기 세월호특조위가 조속히 구성되기를 바라는 기원석으로 두 손 모아 정성스레 올려본다.

_박재동 416세월호참사 국민조사위원회 공동대표, 한국예술종합학교 교수

국민의 힘으로 안전한 사회를!

　박근혜 정권은 세월호 참사 진상 규명이 정권 유지에 치명타가
될 것을 알고 있었나 보다. 그래서 그토록 집요하게 피해자와 시민
들의 진상 규명 요구를 억압했을 것이다. 결국 특별법에 따른 독립
적 국가 조사 기구인 세월호특조위마저 강제 해산해버렸다. 그러
나 이는 오히려 박근혜 정권의 몰락을 앞당기는 신호탄이 되었고,
촛불혁명의 원동력이 되었다. 지금 박근혜와 공범자들은 법의 심
판을 목전에 두고 있다.

　박근혜 정권을 끌어내린 건 다행이지만, 세월호 참사 진상 규명
은 멈추어버렸다. 진상 조사를 할 세월호특조위가 사라져버렸기
때문이다. 일부러 지연하던 세월호 인양이 갑자기 이루어지면서
급히 세월호선체조사위를 만들기는 했지만, 조사 과제가 세월호
인양과 침몰 원인에 국한되어 있다. 세월호 사고를 참사로 만든 '의
도적 구조 방기'와 '조직적 조사 방해'에 대한 조사는 완전히 중단
되어버렸다. 문재인 정부의 공약인 정부조사위원회는 아직 얼개도
그리지 못하고 있고, 2기 세월호특조위는 2018년 봄에나 활동을 시
작할 전망이다.

　세월호특조위가 박근혜 정권에 의해 강제 해산되기 직전, 세월
호 참사 진상 조사를 장기간 할 수 없을지도 모른다는 위기감에
416가족협의회와 세월호특조위 조사관, 시민 연구자들이 모여, 국

민의 힘으로 세월호 참사 진상 규명의 공백을 메우고 더 나아가 국민이 진상 규명의 주체가 되기 위한 방안을 의논한 결과, 2017년 1월에 416세월호참사 국민조사위원회를 출범시켰다.

책 '세월호참사 팩트체크'는 지난 2년여 동안 416가족협의회와 세월호특조위, 여러 시민 연구자들이 조사하고 연구한 성과를 한데 모았다는 데 의미가 있다. 물론 한계도 있다. 그러나 이는 집요하게, 조직적으로 조사를 방해한 박근혜 정권 때문이다. 오히려 제대로 조사하고 연구할 수 없었던 상황에서도 핑계하거나 포기하지 않고 진상 조사를 계속해온 416세월호참사 국민조사위원회에 박수와 응원을 보내야 한다.

얼마 전 추천사를 써달라는 요청을 받았다. 하지만 저는 '세월호참사 팩트체크'라는 책을 국민 앞에 내놓은 국민조사위원회를 독자 여러분께 추천한다.

국민조사위원회는 "국민의 힘'으로 세월호 참사의 진상을 규명해야 한다'는 대명제를 실현해낼 중심체이기 때문이다. 국민조사위원회가 존재하는 한 세월호 참사 진상 규명은 중단되지 않을 것이다.

단 한 명의 국민도 포기하지 않고 책임지는 대한민국, 세월호 참사를 반복하지 않는 안전한 사회를 이룰 때까지 416세월호참사 국민조사위원회를 응원해주기를 바란다.

_유경근 416가족협의회 집행위원장

불꽃놀이 하던 그날로

"우리 애가 수학여행 가고 싶다고 했던 이유 중에 하나가 불꽃놀이였어요. 배 위에서 밤에 불꽃놀이 하는 장면을 보고 너무 좋아했어요."

녹슬고 찢긴 모습으로 1073일 만에 우리 눈앞에 찾아온 세월호. 그러고도 다시 18일 만인 4월 11일 목포신항 육상에 완전히 올라온 배. 유가족들은 그때부터 4개월이 넘도록 목포신항에 머물며 수습과 수색 현장을 지키고 있다. 매일 두 번씩 철조망 안으로 들어간다. 램프, 연돌도 잘리고, 사다리, 난간도 뜯겨나간 가슴 아픈 그 모습이나마 가까이 보고 싶어 가족들은 오전 10시, 오후 3시가 되면 종종걸음을 치며 철조망 앞에 줄을 선다. 아무도 제대로 설명해주지 않고 작업 현장 가까이 가다가 제지당하기 일쑤이지만, 그렇게라도 해서 매일 보고 싶은 엄마 아빠들이다.

매일 두 번 세월호를 둘러보며

페인트가 벗겨지고 작업 과정에서 이곳저곳 더 큰 구멍이 뚫린 세월호를 보며 엄마들은 '우리 아이가 어디에 있었나' '어디서 세수를 하고, 아침엔 뭘 먹었을까' 하며 고개를 빼고 궁금해한다. 울타리 밖에서 보다가 컨테이너 박스로 돌아와서, 답답한 마음에 현장의 CCTV와 연결된 화면을 다시 여기저기 살펴보는 가족들.

저자들은 현장 기록단 자격으로 참여해 가족들과 함께 이야기를 나누면서, 세월호 도면을 보며 이곳저곳 설명해주었다. 객실의 위치, 아이들이 오르내렸을 계단, 저녁과 아침밥을 먹었을 식당칸. 그리고 첫날 밤에 불꽃놀이를 했을 맨 위 갑판을 설명하는 와중에 한 엄마가 울음을 터트렸다. 수학여행 가기 전날 불꽃놀이 장면을 찾아보며 좋아하던 아이의 모습이 떠오른 것이다. 아이를 위한 눈물은 영원히 마르지 않나 보다.

"괜찮아요. 우리는 울 수 있는 게 더 좋아요. 아빠들이 애들 사진 못 보게 하는데 우리가 막 달라고 해서 같이 보고 그랬어요. 우리는 뒷모습, 흔적만 봐도 우리 애들, 다 알아볼 수 있거든요. 더 이야기 해주세요."

엄마들이 본인들이 가지고 있는 참사 직전 세월호에서 촬영한

CCTV 화면 캡처를 보여준다. USB에 소중히 담아둔 그 사진들은 손톱 크기만 하고, 화질이 너무 안 좋아 확대하면 형체를 알아볼 수 없는 수준이다. 얼굴도 제대로 알아보기 어려운 그 사진들을 얼마나 보고 또 보았을까. 엄마들은 어느 장면에 자기 아이가 나오는지를 잘 알고 있었다. 그렇게 자기 아이 이야기를 하는 엄마들이 수학여행을 떠나온 여고생 같다.

세월이 변했다고? 누가?

세월호가 인양되고, 촛불 민심이 만들어낸 새 정부가 들어섰다. 이제 진상 규명, 진실은 눈앞에 있는 것처럼 보였다. 그러나 오늘도 목포신항의 일상은 1073일 그동안의 것과 크게 다르지 않다.

세월호가 인양되어 목포신항에 도착하던 날. 참사가 일어난 지 1080일 만인 2017년 3월 31일 항구로 들어오는 세월호를 바라보며 유가족들이 오열했다. 세월호의 처참한 모습에 '저기, 우리 아이가 있었냐'며 울음을 토했다. 그러나 정부는 세월호가 도착한 목포신항이 보안 시설이라는 이유로 곳곳에 철조망을 설치해 출입을 막았다. 유가족들은 첫날부터 철조망을 걷어달라며 실랑이를 벌이고야 세월호 앞에 설 수 있었다. 해양수산부는 세월호가 목포신항에 거치되기 이전부터 유가족들에게 목포신항에 상주할 수 없다고 통보했다. 미수습자 가족들만 목포신항 안의 컨테이너에 머물 수 있다는 것이다. 당시 해양수산부 관계자는 가족들의 현장 상주 요구에 대해 '작업 현장을 감시하려는 게 주된 목적이 아니냐'며 무단 반출 의혹까지 제기했었다.

결국 목포시가 철조망 밖, 세월호가 보이지도 않는 곳에 작은 컨테이너 박스를 설치했다. 그 후 컨테이너 박스는 몇 개 더 추가되었지만 여전히 유가족들은 철조망 밖에 머물고 있다.

해양수산부는 3월 28일 세월호를 실어 옮기는 반잠수식 선박의 갑판에서 '미수습자의 유해로 추정되는 뼛조각 7개가 발견됐다'고 발표했으나 그날 저녁 '돼지 뼈'였다고 정정했다. 당하지 말아야 할 일, 듣지 말아야 할 소식에 미수습자 가족들은 오열했다. 국민들은 3년 전 그날로 돌아간 것 같다며 분노했다. 인양 과정에서 유가족과 전문가들이 끊임없이 이야기했던 유실 가능성은 현실이었다. 고창석 선생님의 유해는 세월호가 침몰된 해역에서 발견되었다. 그러나 해양수산부와 상하이샐비지 측은 왜 유실 방지를 제대로 대비하지 못했는지, 수시로 세월호의 선체 곳곳을 절단하고 훼손했는지 아직도 설명해주지 않고 있다. 무엇보다, 인양하는 데 왜 이렇게 오랜 시간이 걸렸는지 대답하지 않고 있다.

뜨거웠던 그해 여름

아직도 돌아오지 못한 분들을 기다리는 간절함은 시간이 흐를수록 더 애절하다. 선체에 수색할 곳이 얼마 남지 않은 지금 상황에서 안타까움이 더욱 크게 다가온다. 반드시 돌아오기를 기도한다.

오늘도 세월호와 국민들 사이에는 철조망이 있다. 새 정부, 새로 임명된 장관의 약속에도 해양수산부는 철조망을 걷지 않고 있다. 유난히 더운 2017년 여름, 철조망 밖 철제 컨테이너 안에서 열기를 참으며 엄마들은 리본을 만든다. 그리고 더위도 느끼지 못했던 2014년 여름을 이야기한다. 광화문과 여의도에서 세월호특별법 제정을 촉구하며 단식 투쟁을 벌였던 그해.

"안국동 가는 길에서 경찰이 가족들을 막아서었어요. 오도 가도 못하게 된 거죠. 화장실도 못 가게 했어요. 결국 엄마들이 서로를 옷으로 가려주며…."

당시를 회상하던 전명선 416가족협의회 운영위원장은 한동안 말을 잇지 못했다. 단식하는 가족들 옆에서 '폭식 조롱'을 하던 이들, '순수 유가족'만 만나겠다며 더 큰 조롱을 하던 당시 청와대 대변인, '교통사고' '노숙자' '단식하면 실려 가야' 운운하던 국회의원과 정치인들.

세상은 바뀌었을까. 평생을 노숙자, 장애인, 어려운 이들을 위해 카메라를 들었던 박종필 감독. 얼마 전 그가 세월호와 가족들과 함께하다가 세상을 떠났다. 세월호 현장에서 가족들이 외면받고 제지당하는 모습을 고스란히 앵글에 담았던 그. '이제 그만 쉬라'는 가족들의 만류에도 묵묵히 뜨거운 컨테이너 박스에서 카메라를 놓지 않았다. 가족들은 또 그렇게 누군가를 보냈고, 또 다시 '남은 이들'이 되었다.

찢긴 세월호와 미수습자 네 분이 우리 곁으로 돌아왔지만, 우리는 여전히 세월호의 진실을 모른다. 목포신항에서는 세월호특조위가 강제 해산되던 당시 옆에서 거들던 이가 인양 과정을 설명하고, 유가족들을 고발하라고 사주했던 공무원이 해양수산부의 요직에서 일하고 있다. '2기 세월호특조위'에 대해선 모두들 언젠가 '만들어질 것'이라고만 말한다.

국민이 조사관이다

2016년 6월 30일 세월호특조위가 강제 종료된 이후에도 20여 명의 조사관들은 한국YMCA 사무실 한편에서 조사와 대외 활동을 이어갔다. 최순실과 박근혜의 국정 농단이 밝혀지고 세월호가 마침내 인양되던 그해 겨울과 봄의 촛불 국면에서 세월호는 다시 뜨거운 울분이 되어 국민들의 가슴을 뒤흔들었다. 국민과 조사관들이 인정하는 세월호특조위 종료 시한인 2017년 5월 1일까지 전 조사관들은 급여도 없이 헌신하며 활동을 마무리했다.

416세월호참사 국민조사위원회는 강제 종료된 세월호특조위의 과제를 잇고, 2기 세월호특조위가 만들어지는 그날까지 진상 규명 활동을 이어가기 위해 2017년 1월 7일 문을 열었다. 모든 조사관과 유가족, 세월호 참사 이후 민간에서 진상 규명을 위한 연구 활동을 해온 연구자가 상임연구원으로 참여했다. 시민연구원 모집에는 400여 명이 참여했다. 시민연구원들은 세월호아카데미라는 이름으로 주말을 반납하고, 함께 공부하고 연구하며 '국민 조사관'으로서 역할을 준비하고 있다. 그리고 각 단체에서 추천을 받은 100여 명이 시민위원으로 참여했고, 각계의 대표자가 공동대표단을 꾸려 국민조사위원회를 이끌고 있다.

국민조사위원회는 민간 기구로 조사 권한이나 지원이 있는 것도 아니다. 그러나 '청소, 복사라도 하고 싶다'는 국민들의 참여가 이어지고 있다. 2기 세월호특조위가 생기기 전의 짧은 공백이라고 생각하며 공식, 비공식 자료들을 정리하고 있다. 많이 부족하지만 그 과정 중에서 생긴 고민을 우선 여러분 앞에 책으로 묶어 내어 놓는다. 우리의 부끄러운 결과물에 부족한 곳이 많더라도 여러분이 메워주기를 부탁드린다. 다중 지성의 힘을 발휘해 다음 책자는 여러분과 함께 더욱 풍성한 결실로 만들 수 있기를 희망한다.

2014년 4월 16일. 그날은 오늘도 계속되고 있다. 운동화 끈을 더 잘 매고 남은 레이스를 준비해야 할 때이다.

갈 길이 여전히 멀다.

2017년 8월

1장

세월호의 기본

5층(Navi Deck)
4층(A Deck)
3층(B Deck)
2층(C Deck)
1층(D Deck)

지하1층(E Deck)

2014년 4월 15일 인천항에 정박 중인 세월호
출처: 검찰 증거기록

세월호

2014년 4월 16일 세월호 참사에서 총 476명의 탑승 인원 중 172명이 탈출하고 304명이 사망했습니다.

구분	합계	학생	교사	일반 승객	선원	기타 승무원
승선자	476	325	14	104	23	10
탈출	172	75	3	71	18	5
사망	304	250	11	33	5	5

세월호 승선자의 생존 및 사망 현황
중앙해양안전심판원 특별조사부 '여객선 세월호 전복사고 특별조사 보고서'에서 일부 수정

세월호는 길이가 146미터, 높이가 24미터, 폭이 22미터인 선박입

니다. 인양되어 육상에 거치된 상태에서 현재 세월호가 왼쪽으로 누워 있으므로 지금은 폭 22미터가 높이가 된 상황입니다.

구분	(미터/톤/명)
길이	146미터
높이	24미터
폭	22미터
총톤수(gross tonnage)	6825톤
만재배수량(displacement)	6825톤
경하중량(light weight)	6113톤
재화중량(dead weight)	3794톤
화물적재 최대량	987톤
선박 평형수 적재량	1703톤
최대 승선인원	956명(여객 921, 선원 35)

세월호 제원
출처: 중앙해양안전심판원 특별조사부 '여객선 세월호 전복사고 특별 조사 보고서'

선박의 톤수는 일반인의 상식과 약간 다른 부분이 있어서 좀 더 설명이 필요합니다. 일반적으로 1톤은 1000킬로그램이고 무게 개념으로 통용되지만, 선박의 톤수는 무게 개념이면서 부피 개념으로도 쓰기 때문입니다. 쉬운 것부터 말하면, 우선 경하중량, 재화중

세월호참사
팩트체크

량, 만재배수량은 무게 개념입니다. 1톤이 1000킬로그램이 되는 바로 그 무게 개념입니다. 경하중량은 짐을 전혀 싣지 않을 때 배 자체의 무게를 말합니다. 재화중량은 최대한 선적할 수 있는 화물의 무게를 말합니다. 만재배수량(만재배수톤수)은 경하중량과 재화중량을 합한 수치입니다.

다음으로 총톤수가 있는데요, 이것이 바로 부피 개념입니다. 선박의 일정한 밀폐 영역의 '부피'를 구하고, 이를 '선박톤수의 측정에 관한 규칙'이라는 법령에 있는 공식에 대입해 산출해낸 값이 바로 총톤수입니다. 선박 톤수를 이야기할 때 총톤수를 사용해 측정하고 비교하는 경우가 많기 때문에 세월호의 총톤수 6825톤을 기억해둘 필요가 있습니다. 세월호 참사와 관련해 다른 선박을 언급할 때도 총톤수를 지적하는 경우가 있습니다.

세월호의
구조

세월호의

구조

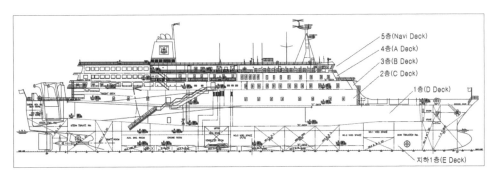

세월호 도면 출처: 검찰 증거기록

세월호를 측면에서 바라본 도면입니다. 오른쪽이 선수(뱃머리) 방향, 왼쪽이 선미(배꼬리) 방향입니다. 세월호는 지상 5층과 지하 1층, 총 6층으로 설계된 선박입니다. 쉽게 말해 6층짜리 빌딩이라고 보면 됩니다. 다만 우리가 일상에서 보는 건물과는 달리 그 폭이 146미터에 달합니다.

맨 위층인 5층은 네비게이션 브리지 데크navigation bridge deck라고 하고, 줄여서 '네비데크'라고 부릅니다. 우리말로 번역하면 '항해선교갑판'이 됩니다. 항해 중에 바다의 교통 상황을 감시하고 배를 키로 조종하는 데 용이하도록 높은 곳에 위치한 갑판입니다. 세월호 역시 이러한 기능을 수행하기 위해 네비데크가 5층에 있으며, 세월호의 조타실은 네비데크 맨 앞쪽에 자리합니다.

4층과 3층은 대체로 객실로 이루어지는데, 4층은 A데크, 3층은 B데크라고 부릅니다. 2014년 4월 15일 세월호에 탑승했던 단원고 학생들도 주로 3층과 4층에 숙박했습니다.

그리고 2층과 1층은 화물칸이며, 2층은 C데크, 1층은 D데크라고 부릅니다.

끝으로 지하 1층은 E데크라고 부르는데, 여기에는 기관실과 평형수 탱크 등이 있습니다.

이제 사진과 세월호 도면을 통해 세월호 각 층의 구조에 대해 말하겠습니다.

선미 부분

세월호 선미
오른쪽 램프가 내려져 있는 모습
출처: 검찰 증거기록

이 사진은 세월호의 선미 부분을 찍은 것입니다. 오른쪽 램프ramp 가 내려져 있습니다. 세월호는 선미 좌우에 램프가 있는데, 램프를 내리면 그곳으로 자동차가 드나들 수 있습니다. 말하자면 대형 선 박의 화물칸에 달린 출입문으로, 배가 부두에 닿았을 때 자동차 등 이 드나드는 다리 역할을 합니다. 승선할 때는 닫았다가 배가 출발 하면 다시 닫습니다. 다들 알다시피 침몰한 세월호의 선미 왼쪽 램 프가 열려 있었는데 인양하는 도중 재킹바지선에 걸린다는 이유로 잘라버렸습니다.

세월호 선미
왼쪽 램프가 절단된 모습

다음 사진은 선미 바닥 부분을 찍은 것입니다. 동그라미로 표시된 부분이 방향타rudder이고, 양옆에 프로펠러가 보입니다.

세월호 선미 하부

세월호 옥상

기울어진 세월호
출처: 해경 헬기 B-513호에서 찍은 영상

영상 캡처에 세월호의 옥상이 드러나 있습니다. 선박의 옥상을 컴퍼스 데크compass deck라고 합니다. 연돌(굴뚝), 레이더, 안테나 등이 설치된 곳입니다. 선미 부분에 보이는 나무 재질의 구역(사진에서 헬기 아래 부분)이 4월 15일 밤에 승객들을 위해 선상 불꽃놀이를 했던 장소입니다.

세월호 5층(네비데크)

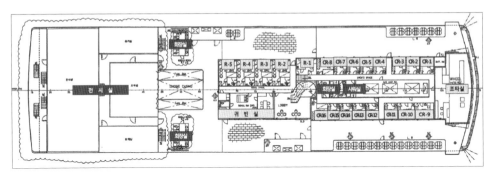

세월호 5층 도면 출처: 검찰 증거기록

이 그림은 세월호 5층(네비데크) 도면입니다. 오른쪽이 선수 방향, 왼쪽이 선미 방향입니다. 앞서 말했듯이 네비데크 맨 앞에는 조타실이 있고, 그 뒤로 CR-1부터 CR-10까지의 방들은 선원crew들이 머무는 선실입니다.

뒤편에 R이라고 적힌 방들은 로열royal룸으로 단원고 선생님들이 머물던 곳입니다.

그 뒤에 있는 전시실은 유병언의 전시실이라 불리던 바로 그곳입니다.

세월호 4층(A데크)

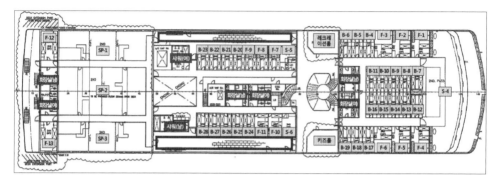

세월호 4층 도면

　이 그림은 4층(A데크) 도면입니다. 역시 오른쪽이 선수 방향, 왼쪽이 선미 방향입니다. B룸, F룸, SP룸 등이 모두 승객들이 머무는 객실입니다.

　4층은 단원고 학생들이 많이 머물던 곳입니다. 선미 쪽 룸 SP-1, SP-2, SP-3에 머물던 여학생들은 111명 중 29명이 탈출했는데 반해, 선수 쪽 룸 S-4에 있던 남학생들은 50명 중 3명밖에 탈출하지 못했습니다. 50명 중 3명이면 남학생은 6퍼센트의 생존율이고, 111명 중 29명이 탈출한 여학생은 26.1퍼센트의 생존율을 보였습니다.

　4층에 있던 여학생들이 상대적으로 높은 생존율을 보인 이유는, 선미 쪽 SP룸의 경우 배가 왼쪽으로 기운 상태에서 일단 복도로 나오기만 하면 바로 선미 쪽으로 이동해 바다가 보이는 바깥으로 탈출할 수 있었기 때문입니다.

　반면 같은 4층의 선수 쪽 룸 S-4에 있었던 남학생들은 복도로 나오더라도 긴 복도를 지나야 했고, 그러고 나서도 다시 왼쪽이든 오른쪽이든 나와야 하는 상황이었습니다. 생존율이 상대적으로 낮은 것은 그 때문입니다.

　그리고 도면에서 배 양옆에 긴 사각형으로 표시된 부분이 바로 대피갑판입니다. '세월호 비상대피계획'에 따르면 4층 좌현으로 247명, 우현으로 498명이 퇴선할 수 있도록 설계되어 있었습니다. 하지만 2014년 4월 16일 세월호에서는 승객을 대피갑판으로 이동시키지 않았습니다. 오직 '가만히 있으라'는 '선내 대기' 방송만 되풀이했습니다.

세월호 3층(B데크)

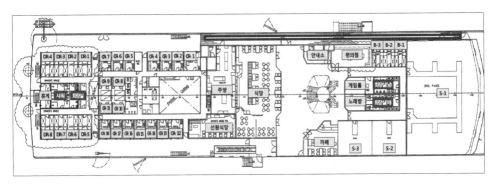

세월호 3층 도면

이 그림은 3층(B데크) 도면입니다. 역시 오른쪽이 선수 방향, 왼쪽이 선미 방향입니다. 3층에는 승객들이 머무는 객실과 식당, 안내데스크, 편의점, 기관실 선원들의 선실 등이 있습니다.

세월호 3층 안내데스크
출처: 검찰 증거기록

사진에 보이는 곳이 3층 안내데스크입니다. 바로 그곳에서 '가만히 있으라'는 방송이 이루어졌습니다.

주방 뒤편의 CR룸은 기관실 선원들의 선실이었고, 맨 뒤쪽 DR룸은 드라이버driver, 즉 화물 기사들이 머무는 곳입니다.

도면에서 배 왼쪽 옆에 긴 사각형으로 표시된 부분이 3층의 대피갑판입니다. 좌우 양편에 대피갑판이 있는 4층과 달리 3층은 왼쪽에만 대피갑판이 있습니다. 3층 왼쪽 대피갑판은 250명이 퇴선할 수 있도록 설계되었지만, 참사 당시 어떤 선원도 승객들을 그곳으로 퇴선시키지 않았습니다.

세월호
참사 위치

이제 지도를 통해 세월호 참사가 일어난 위치에 대해 설명하겠습니다.

세월호 이동 경로
(구글 지도에서 직접 작성)

그림은 지도에 세월호의 AISautomatic identification system(선박자동식별장치) 항적을 그린 것입니다. 물론 AIS가 조작되었다는 의혹이 있기도 하지만, 세월호가 북서쪽에서 남동쪽 방향으로 항해를 하는 도중 어느 시점에서 급격히 우선회 했다가, 그다음 북쪽으로 표류하는 형태를 취한 것은 분명하므로, 세월호의 기본적인 항적은 그림과 유사할 것으로 생각됩니다.

수많은 언론 보도를 통해 세월호 참사가 일어난 해역이 맹골수도라는 것은 잘 알려져 있습니다. 맹골수도는 맹골도와 거차도(서거차도와 동거차도를 합쳐서 부르는 이름) 사이의 해역을 말하며, 물살 세기로는 한국에서 손에 꼽히는 수역입니다.

그런데 그림에서 보다시피 세월호가 급선회하며 침몰하기 시작한 지점은 맹골수도 한복판이 아니라, 맹골수도를 빠져나온 뒤 병풍도 북동쪽에 가까운 지점입니다. 즉 세월호가 침몰한 지점은 맹골수도라기보다 병풍도 앞바다라고 보는 것이 맞습니다.

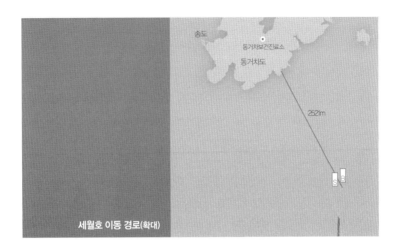

세월호 이동 경로(확대)

지도를 확대해보았습니다. 세월호가 표류하면서 북쪽으로 올라 오다가 어느 순간부터는 더 이상 AIS 데이터를 발신하지 않았습니다. 그래서 AIS 항적으로는 표시되지 않지만, 실제로는 그 후에도 좀 더 북쪽으로 표류해 S와 B라고 표시된 지점까지 표류했고 그 지점에서 바닷속으로 완전히 가라앉아버렸습니다.

S는 선미stern를 의미하고, B는 선수bow를 의미합니다. 세월호는 3년 동안 바닷속에서 선수(B)가 북동쪽으로, 선미(S)가 남서쪽으로 향한 채 왼쪽으로 누워 있었습니다.

동거차도에서 2.5킬로미터 떨어진 지점에서 세월호 인양 작업이 이루어졌기 때문에 가족들은 동거차도에 캠프를 차리고 거기에서 정부의 인양 작업을 감시하기도 했습니다.

퇴선 명령만
내렸더라면!

가족들은 세월호에서 동거차도까지 거리가 2.5킬로미터밖에 되지 않기 때문에, 참사 당시 퇴선 명령만 내렸더라면 그 거리 정도는 수영 잘하는 아이라면 그냥 헤엄쳐 갈 수도 있었을 거라고 이야기합니다.

이에 대해 좀 더 자세히 설명하겠습니다.

세월호 이동 경로
(구글 지도에서 직접 작성)

퇴선 명령을
내렸어야 할 위치

사실 세월호가 갑자기 우선회 하기 시작했던 오전 8시 48분, 49분경에는 일단 승객에게 가만히 있으라고 할 수 있습니다. 하지만 어느 정도 상황 파악을 하고 해경에게 신고도 했으며, 주변에 있던 선박들도 도착하던 시각인 9시 20분대에서 30분대무렵에는 승객에게 퇴선 명령을 내렸어야 합니다. 바로 사진에서 동그라미가 그려져 있는 위치에 세월호가 왔을 때입니다.

만약 그때 퇴선 명령이 내려졌다면 승객은 전원 구조가 가능했습니다. 다음은 10시 30분 이전에 세월호 참사 해역에 도착한 선박들의 목록입니다.

선박명	도착시간	총톤수
둘라에이스호(민간)	09:18	2720
P123정(목포해경)	09:30	121
전남707호(전라남도)	09:40	30
드래곤에이스11호(민간)	09:42	1986
전남207호(전라남도)	09:55	90
어선 30여 척(민간)	09:55~10:30	미상
전남201호(전라남도)	10:00	115
진도아리랑호(전라남도)	10:02	19
PKG(해군)	10:21	500
P57정(완도 해경)	10:30	89.4

오전 10시 30분 이전 도착 선박 목록(도착 시간순)
출처: 검찰 증거기록

2700톤급 선박 둘라에이스호가 가장 먼저 세월호 참사 해역에 도착했습니다. 둘라에이스호에는 당시 세월호에 있던 승객 전원을 태울 수 있는 공간이 있었고, 유조선인 배는 당시 기름을 싣고 있었기에 해수면과 갑판 사이의 높이가 1.5미터가량밖에 되지 않았습니다. 그리고 9시 42분에 도착하는 1900톤급의 드래곤에이스11호가 있습니다. 그렇게 현장에는 두 척의 대형 선박이 일정 거리에 떨어져 있었으므로, 다른 소형 선박들이 바다에 뛰어내린 승객들을

세월호참사
팩트체크

실어 날랐다면 금방 전원 구조가 되었을 것입니다.

정상적으로, 아니, 상식적으로 일이 진행되었다면 476명이 물에 젖는 사건에 불과했을 터인데, 알 수 없는 이유로 304명이 사망하는 사건이 되어버린 것입니다.

2장

구조에 대한 의문

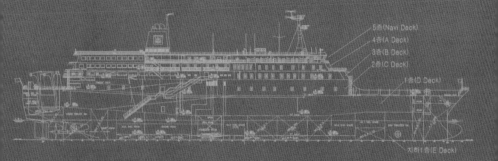

5층(Navi Deck)
4층(A Deck)
3층(B Deck)
2층(C Deck)

1층(D Deck)

지하1층(E Deck)

최초로 도착한
둘라에이스호

"세월호 선장과 선원들은 자기들만 살자고 세월호 승객을 버렸고, 현장에 출동했던 해경들은 어떻게 할 줄 몰라 사람이 죽어가는 것을 지켜보았습니다. 누군가 '퇴선하라'는 말 한마디만 했어도 살 수 있었을 사람들이었습니다. 확실히 해경은 세월호 승객들을 못 살린 것이 아니라 안 살린 것이 맞습니다. 세월호 참사의 책임이 1차적으로 이들에게 있는 것은 명백합니다."

_이용구 변호사의 구두 변론

(2017년 2월 27일 헌법재판소 박근혜 대통령 탄핵심판 최종변론기일,
생명권 보호의무 위반 및 성실직책수행의무 위반에 대해)

2014년 4월 16일 오전 8시 52분. 단원고 최덕하 학생이 '배가 침

몰하는 것 같다'고 119에 최초로 신고 전화를 합니다.

8시 54분. 119에서는 전화를 목포 해경에 연결했고, 곧바로 최덕하 학생, 119, 목포 해경 사이에 삼자 통화가 이루어지게 되었습니다.

목포 해경은 8시 57분과 58분, 두 차례에 걸쳐 사고 현장에 가장 근접해 있는 함정인 해경 P123정에 출동을 지시했고, 그 뒤 해경 헬기 B-511호, B-512호, B-513호 등이 참사 현장으로 출동합니다. 그러면서 123정이 현장지휘함의 역할을 맡게 됩니다.

둘라에이스호
활용 실패

오전 9시 13분경 아직 해경이 사고 현장에 도착하지 못한 상태에서 근처에 있던 유조선 둘라에이스호가 세월호에 가까이 접근합니다.

둘라에이스호는 원래 세월호보다 앞서 가고 있었는데, 세월호가 8시 20분경 둘라에이스호를 추월해 지나갔고, 그로부터 얼마 지나지 않아 크게 우회전을 하면서 침몰하기 시작했습니다. 자연히 세월호를 뒤따라 운항하던 둘라에이스호가 세월호 참사 현장에 가장 먼저 도착한 배가 되었습니다.

만약 둘라에이스호가 세월호에 접근했을 때, 세월호 선원들이 승객들을 퇴선시켰다면 승객들은 전원 둘라에이스호에 승선해 생존할 수 있었을 것입니다.

당시 유조선인 둘라에이스호는 기름을 실어 나르는 중이라 해수면과 갑판 사이의 높이가 높지 않았기 때문에, 바다에 뛰어든 승객을 둘라에이스호에 옮겨 타게 하는 것이 어렵지 않았고, 무엇보다 둘라에이스호에는 세월호에 타고 있던 승객 모두를 수용할 만한 충분한 공간이 있었습니다. 이러한 사실은 둘라에이스호 선장의 법정 진술에서도 확인할 수 있습니다.

재판부: 만약 증인의 유조선에 그렇게 구조한 사람이 있었다면 몇 명까지나 수용할 수 있었는가요.

선장: 구명 뗏목으로 탈출한다면 몇 명이 아니라 세월호 선박 안에 있는 사람들은 모두 구조할 수 있는 능력을 가지고 있습니다.

재판부: 증인의 선박에는 세월호에 승선했던 모든 사람을 수용할 수 있을 정도의 면적이 충분히 있다는 것인가요.

선장: 예. 그렇습니다.

재판부: 증인의 배와 해수면 간 상당한 높이가 있는데, 라이프 래프트[구명벌]에 탄 승객들을 어떻게 증인의 배로 끌어올리는가요.

선장: 사다리가 준비돼 있고, 그때 당시는 둘라에이스호가 적재 상태여서 수면과의 높이가 1.5미터 정도밖에 되지 않았습니다.

재판부: 세월호 침몰 당시의 기상 상황, 조류, 수온에 비춰 봤을 때 승객들

을 즉시 퇴선시키면 위험하다고 판단할 수 있는 상황이었는가요. 아니면, 그런 상황에서는 승객들을 빨리 퇴선시켜도 전혀 무리가 없는 상황이라고 봤는가요.

선장: 그 당시에는 주간이어서 시야도 좋고, 파고도 0.5미터 이내로 잔잔했습니다. 한겨울도 아니어서 수온도 그렇고, 그래서 그 당시에는 퇴선시키는 것이 최선의 방법이었다고 생각합니다.

_선장 및 선원 재판 1심 10회 공판. 둘라에이스호 선장 증인신문조서

시야가 확보되지 않는 밤이었다면, 바닷물이 차가운 겨울철이었다면, 비바람이 몰아치던 상황이었다면 바로 승객 퇴선을 결정하기가 어려웠을지도 모릅니다. 하지만 세월호가 침몰하던 그때는 파도가 잔잔하고, 모든 것이 보이는 낮이며, 수온도 차갑지 않고, 날씨도 좋은 상황이었습니다. 모든 조건이 승객을 퇴선시키기에 적합한 상황이었습니다. 그런데 무슨 이유에서인지 세월호 선원들은 둘라에이스호의 퇴선 제안을 무시합니다.

둘라에이스호는 이후에도 계속 현장에 있다가 낮 12시 30분에서 오후 1시 사이에 떠났습니다. 세월호가 완전히 전복되기 전 언제라도 퇴선 방송을 실시해 승객을 퇴선시켰다면, 전원 구조가 가능했던 것입니다. 다시 한 번 말하지만, 둘라에이스호 외에도 이후 해경 경비정, 어업지도선, 해군 함정, 어선 등이 속속 도착했기 때문에 세월호 승객을 수용할 공간은 얼마든지 있었습니다.

세월호참사
팩트체크

수온	익수자 생존 시간	수온	익수자 생존 시간
2도	45분 이하	10~15도	6시간 이하
2~4도	1시간 30분 이하	15~20도	12시간 이하
4~10도	3시간 이하	20도 이상	미상(피로도에 좌우됨)

해수 온도에 따른 익수자의 생존 시간(IAMSAR 매뉴얼). 보온복 같은 체온 보호를 위한 특수보호복을 착용하지 않은 상황에서 익수자가 생존할 시간이다(해경 해상수색구조 매뉴얼).

또 세월호 참사 당시 바다의 수온은 12.6도였습니다. 해경의 해상수색구조 매뉴얼에 따르면 10도에서 15도 사이의 수온인 경우, 물에 빠진 사람이 생존 가능한 시간은 6시간 이하입니다. 세월호의 승객들이 배 밖으로 나와 있기만 했다면 1, 2시간 정도면 얼마든지 전원 구조가 가능했습니다.

그런데 세월호 선원들은 이상하게도 해경이 언제 도착하는 데만 관심을 갖고 끝내 승객들을 퇴선시키지 않았습니다. 이로써 세월호 승객들을 전원 구조할 수 있었던 첫 번째 기회는 소실되었습니다.

해경 항공기와
헬기의 도착

해경 항공기
도착

둘라에이스호에 이어 오전 9시 26분에 해경 항공기 CN-235(B-703)기가 세월호 참사 현장에 도착합니다. 최초로 도착한 국가의 '출동 세력'입니다. 그런데 CN-235기는 참사 현장에 오는 도중은 물론 도착해서도 세월호와 전혀 교신하지 않았습니다. 구조 세력이라면 세월호와 교신함으로써 선내 상황을 파악하는 일이 너무나 당연할 텐데도 그런 당연한 행위를 하지 않았습니다.

CN-235기는 당시 구명벌 5개와 구명벌 투하 장치를 보유하고 있었는데도 구명벌을 투하하지 않았습니다. CN-235라는 기종은 저속·저고도 유지가 용이해 인명 구조 작업이 가능한 해경 비행기입니다. 그런데 장비를 활용한 구조 관련 활동을 전혀 하지 않았습니다. CN-235기가 했던 일은 현장을 촬영하고 이후 도착한 해경 헬기와 소방헬기 등을 항공 통제한 것뿐이었습니다.

그뿐 아니라 CN-235기의 부기장은 오전 10시 38분 KBS와의 인터뷰에서 "지금 대부분의 인원들은 현재 출동해 있는 함정, 그리고 지나가던 상선, 그리고 해군 함정[에 의해] 대부분의 사람들이 구조가 된 상황입니다. 현재 수면 아래에 사람이 갇혀 있는지 파악을 하고 있는 중입니다"라고 거짓말을 합니다. 거짓 인터뷰입니다. 현장에 최초로 도착해 대부분이 구조되기는커녕 대부분이 구조되지 않은 것을 가장 잘 알 수 있었던 사람이 왜 그런 인터뷰를 했는지에 대해서는 아직까지 밝혀진 바가 없습니다.

해경 헬기
도착

다음으로 오전 9시 27분경부터 해경 헬기들이 차례로 현장에 도착했습니다. 9시 27분 B-511호, 9시 32분 B-513호, 9시 45분 B-512호. 그런데 해경 헬기들 역시 세월호 참사 현장으로 출동하는 과정에서든, 아니면 세월호 참사 현장에 도착해서든, 그것도 아니면 이후 구조 작업을 진행하는 과정에서든 세월호 참사 전 과정 동안 세월호와 단 한 차례도 교신하지 않습니다.

만약 헬기에 타고 있던 항공구조사들이 세월호로 내려와 승객을 퇴선시켰다면 역시 전원 구조가 가능했습니다. 항공구조사는 배의 상공에서 내려오는 것이므로 목표하는 지점 어디든 갈 수 있는 능력을 갖고 있었습니다. 그래서 세월호의 조타실로 들어가 퇴선 방송을 해도 되고, 아니면 그냥 객실로 들어가 육성으로 퇴선 지시를 내려도 되는 상황이었습니다.

하지만 헬기는 바구니를 내려 한 사람 한 사람 구조하는 대단히 소극적인 구조 방식을 택했고, 항공구조사는 세월호 안으로 진입하지 않았습니다. 세월호 안에는 476명의 승객들이 있었는데 그런 방식으로 구조하다 보니 결국 헬기 3대가 구조한 인원은 총 35명에 불과했습니다.

해경 헬기 B-512호가 바스켓을 내려 승객을 구조하고 있다. 헬기 오른편으로 멀리 보이는 배가 둘라에이스호이고, 헬기 왼쪽의 배가 해경 123정이다.
출처: 헬기 B-511호에서 채증한 영상

당시 헬기에 탑승했던 대원들은 한목소리로 세월호에 많은 승객이 탑승하고 있는 것을 몰랐다고 진술했습니다. 하지만 이는 명백

세월호참사
팩트체크

한 거짓말입니다. 헬기 대원들이 세월호 승객이 수백 명이라는 것을 모를 수 있으려면, 첫째 상황실에서 승객 수를 절대 말해주지 않았어야 하고, 둘째 세월호 승객 수와 관련된 교신을 전부 못 들었어야 하고, 셋째 대형 여객선이 침몰하는 것을 보면서 그 안에 많은 여객이 있을 수도 있다는 상식적인 생각이 머릿속에 떠오르지 않았어야 하고, 바구니로 구조한 승객에게 절대로 세월호의 상황을 물어보지 않았어야 했습니다. 이 네 관문을 모두 통과하기는 완전히 불가능한 일입니다.

현장지휘함
해경 123정

교신도 퇴선 조치도
하지 않았다

　　　　　　　오전 9시 35분경 드디어 현장지휘함의 역할을 맡은 123정이 세월호 참사 현장에 도착합니다. 123정 역시 CN-235기나 해경 헬기와 마찬가지로 세월호 참사 전 과정에서 세월호와 단 한 번도 교신하지 않습니다. 설령 출동하는 중에 교신이 되지 않았다 하더라도 도착해서는 다시 한 번 교신을 시도했어야 했습니다. 구조 세력이 도착한 사실을 알리고 현재 선박의 상황이 어떠한지를 파악하고 나서야 그다음 무엇을 해야 할지 판단할 수 있기 때문입니다.

　세월호와 교신하지 않아 선박의 상황과 승객 규모 등을 알 수 없었다면 123정 승조원을 세월호 선내에 진입시켜 상황을 파악했어야 했는데, 그러한 행위도 하지 않았습니다. 또 선원이든 승객이든 먼저 구조한 사람들에게 현재 세월호의 상황이 어떤지 물어보아야 했을 텐데 그러한 질문도 하지 않았습니다.

현장에 도착한 123정은 싣고 온 7인승 고무단정을 내리고 역시 소극적인 구조 활동을 시작합니다. 만약 이때 123정이 보유하고 있던 대공마이크를 이용해 승객들에게 퇴선 방송을 했다면 역시 전원 구조가 가능했습니다. 당시 하늘에서 헬기 소리가 들렸지만 세월호 자체가 방음벽 역할을 할 수 있었기에, 123정이 배 왼쪽으로 붙어서 방송을 했더라면 세월호 내부에서 얼마든지 들을 수 있었습니다. 심지어 상공에 헬기가 떠 있던 배 오른쪽에서도 갑판에 있던 사람과 세월호 내부에 있던 이들 사이에 대화가 가능한 상황이었습니다. 하지만 123정은 끝내 대공 방송을 하지 않았습니다.

당시 헬기가 떠 있는 상황에서도 우현 4층 갑판에서 구조 작업을 하던 사람들과 세월호 내부에 있던 사람들이 대화할 수 있었고, 사고 이후에 세월호의 3층과 4층의 좌현 출입문이 열려 있었으며, 3층과 4층 좌현 출입문 주변, 로비와 선실 복도 등에서 많은 승객들이 구조를 기다리고 있었으므로, 123정이 세월호에 접근해 대공마이크 등으로 퇴선 방송을 실시했거나 승조원이 갑판에 승선해 퇴선을 유도했다면 선내에 대기하고 있던 일부 승객들이 퇴선 방송 등을 직접 들을 수 있었고, 123정의 퇴선방송 등을 들은 승객들이 휴대전화나 육성으로 선내에 있던 다른 승객들에게 퇴선 조치를 전파할 수 있었다. 퇴선 지시를 들은 승객들은 갑판으로 연결된 출입문 등을 통해 갑판 등으로 나오거나 바다로 뛰어들 수 있는 상황이었다.

_123정장 항소심 판결문(2015노177)

구조하러 간 것인가,
구경하러 간 것인가

오전 9시 38분경 123정에서 내린 고무단정이 세월호를 향해 첫 번째 출발을 합니다. 고무단정은 세월호로 가서 5명을 구조해 123정에 인계합니다. 그런데 구조된 5명은 모두 기관실 선원이었습니다.

오전 9시 43분경 세 번째 출발을 해 세월호에 접안한 고무단정
출처: 123정에서 채증한 영상

세월호참사
팩트체크

9시 40분경 고무단정이 두 번째 출발을 해 부부와 아이, 그리고 다른 2명을 구조해 옵니다. 그 2명 역시 기관실 선원이었습니다. 이로써 기관실 선원 7명이 전원 구조되었습니다.

고무단정은 세월호와 123정 사이를 오가는 과정에서 학생들 다수가 대기하던 세월호 3층 안내데스크 옆 입구를 지나가게 됩니다. 구명단정을 발견한 세월호 안의 학생들이 '사람이 있다' '살려달라'고 소리쳤지만, 고무단정은 이러한 아이들의 목소리를 무시한 채 세월호 선원들을 먼저 구조하러 이동했던 것입니다.

9시 43분경 고무단정이 세 번째 출발을 했고, 세월호에 접안했을 때 승조원 1명이 세월호 3층 갑판으로 올라갑니다. 그 해경이 올라간 지점에서 몇 걸음만 더 가면 당시 '가만히 있으라'는 방송을 하던 3층 안내데스크가 있었습니다.

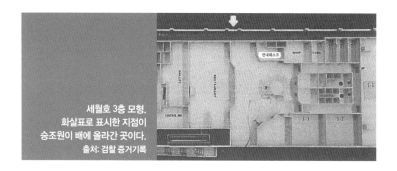

세월호 3층 모형.
화살표로 표시한 지점이
승조원이 배에 올라간 곳이다.
출처: 검찰 증거기록

이때 갑판과 안내데스크 사이에 있는 문이 열려 있는 상황이었습니다. 그래서 몇 걸음만 걸어가 퇴선 방송을 하라고 지시하거나, 아니면 그냥 육성으로라도 '해경입니다. 전원 퇴선하세요!' 하고 외치기만 했어도, 안에서 들은 사람들이 줄줄이 밖으로 나올 것이고 전원 구조가 가능했습니다. 하지만 승조원은 그런 조치는 취하지 않고 구명벌이 있는 5층으로 올라가버렸습니다.

3층 안내데스크가 있는 로비.
갑판 쪽 출입문이
열려 있는 것이 보인다.
출처: 화물기사가 촬영한 영상

캡처 사진은 당시 안내데스크가 있던 3층의 내부 모습입니다. 선수 쪽에서 선미 쪽으로 찍은 화면이므로 오른쪽이 세월호의 좌현입니다. 앞서 말했듯이 오른쪽 문이 열려 있어 빛이 환하게 들어오고 있습니다.

만약 3층 갑판으로 올라간 123정 승조원의 진입 목적이 수백 명의 승객을 퇴선시키는 데 있었다면 이동하는 과정에서 승객들을 찾으려고 노력했을 테고, 육성으로든 방송으로든 퇴선 명령을 하려고 했을 것입니다. 하지만 그는 그런 행위를 일체 하지 않고 5층 선수 쪽으로 가버렸습니다.

9시 45분경 드디어 123정 자체가 세월호 조타실 쪽에 접안해 조타실 안에 있던 사람들을 구조합니다. 배의 조타실 안에 있던 사람들은 과연 누구일까요? 당연히 선원입니다. 123정은 조타실 선원 전원을 구조합니다. 심지어 이때도 선내에서 '가만히 있으라'는 방송은 계속됩니다.

오전 9시 48분 123정이
세월호 조타실에 접안해
조타실 안의 사람들을
구조하는 모습.
출처: 123정이 채증한 영상

원 안의 사람을 확대한 모습.
이 사람이 과연 일반 승객으로 보입니까?

해경은 나중에 당시 조타실에서 나온 사람들이 선원인 줄 몰랐다고 주장했습니다. 그런데 스즈키복(상하의가 붙어 있는 일체형 작업

복)을 입고 있는 모습만 하더라도 구조된 자는 일반 승객이라고 보기 힘듭니다. 게다가 무전기까지 들고 있는 것을 확인할 수 있습니다. 그리고 선원들이 있기 마련인 조타실에서 나왔다는 점에서 선박에 대한 전문가인 해경이 세월호 조타실에서 구조한 이들을 일반 승객으로 파악했다고 보기는 어렵습니다.

오전 9시 49분 승조원 한 사람이 고무호스를 잡고 세월호 조타실로 올라가고 있다.
출처: 123정이 채증한 영상

조타실 선원을 모두 구조한 다음, 123정 승조원 한 사람이 고무호스를 타고 세월호 조타실 쪽으로 올라갑니다. 만약 그 해경이 세월호 조타실로 올라가서 선내 방송을 통해 승객에게 퇴선을 지시했다면 역시 전원 구조는 가능했습니다. 하지만 그는 조타실로 들어가서 퇴선 방송을 하기는커녕 문 바로 앞까지 올라갔다가 잡을 곳이 없다며 그냥 내려와버렸습니다.

세월호 조타실.
배 오른쪽에서
왼쪽을 향해 찍은 사진
출처: 검찰 증거기록

하지만 이는 거짓말입니다. 사진은 세월호 조타실을 오른쪽에서 왼쪽을 보고 찍은 사진입니다. 세월호는 왼쪽으로 기울어 있었기 때문에 문까지 올라갔다면 그다음에 문 옆의 공간에 올라설 수 있었습니다. 그리고 세월호 전 구역에 설치되어 있던 핸드레일을 붙잡고 기울어진 상태에서도 얼마든지 이동이 가능했습니다.

이후 123정은 세월호와 멀찍이 떨어져 있다가 10시 6분경 다시 접안해 3층 선수 쪽 유리를 깨고 승객 몇 명을 구조하고, 또다시 멀어집니다. 10시 30분경 세월호는 선수 일부만을 수면 밖에 내민 채 전복됩니다.

이러한 123정의 구조 활동에 대해 검찰에 참고인으로 출석한 한 전문가는 다음과 같이 평가했습니다. "이건 구조를 하러 간 것이 아니라 거의 취재를 하러 가거나 구경을 하러 간 정도로밖에 보이지 않습니다."

상황실의
거짓 보고

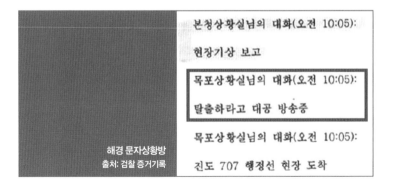

본청상황실님의 대화(오전 10:05):

현장기상 보고

목포상황실님의 대화(오전 10:05):

탈출하라고 대공 방송중

목포상황실님의 대화(오전 10:05):

진도 707 행정선 현장 도착

해경 문자상황방
출처: 검찰 증거기록

　오전 10시 5분 목포서(목포해양경찰서) 상황실은 '탈출하라고 대공 방송 중'이라는 상황을 문자상황방(상황정보문자시스템)에 입력해 상황을 전파, 보고합니다. 이는 있지도 않는 사실을 조작해 보고하는 거짓 보고입니다.

세월호참사
팩트체크

세월호 참사 전체에 걸쳐 어떤 형태로든 퇴선 지시는 없었습니다. 선장이나 선원이 퇴선 방송을 한 적도 없고, 구조를 위해 도착한 해경 123정이 퇴선하라는 대공 방송을 한 적도 없으며, 123정 승조원이나 헬기 항공구조사가 세월호에 올라가서 메가폰을 활용하거나, 아니면 육성으로라도 퇴선 지시를 한 적이 없습니다.

그런데 10시 5분에 목포서 상황실은 하지도 않은 일을 버젓이 했다고 전파했습니다. 구조 인원수를 고쳐 입력하는 수준이 아니라 현실에 전혀 존재하지 않는 상황을, 해경 공무원이, 그것도 정확성을 매우 중요시하는 상황실에 근무하는 경찰공무원이, 굳이 키보드를 눌러서 입력을 한 것입니다.

도대체 누구에게서 그런 정보를 받았고, 어떻게 상황이 전달된 것인지에 대한 진상 규명이 꼭 필요한 부분입니다. 그런데 문제는 목포서 해경에 그치지 않았습니다.

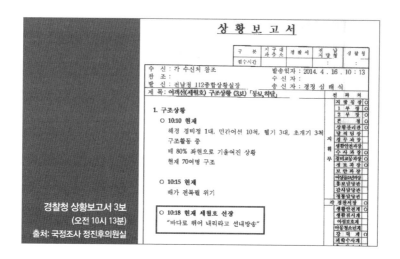

상 황 보 고 서

구 분	지구대	경 찰 서	전남	상 찰 청
	파출소		시 경찰청	
접수시간			:	:

수 신 : 가 수신처 참조　　　　　　발송일자 : 2014. 4. 16 . 10 : 13
참 조 :　　　　　　　　　　　　　　수 신 자 :
발 신 : 전남청 112종합상황실장　　　송 신 자 : 경정 심 태 식
세 목 : 여객선(세월호) 구조상황 (3보)「통보·하달」

1. 구조상황
　○ 10:10 현재
　　　해경 경비정 1대, 민간어선 10척, 헬기 3대, 초계기 3척
　　　구조활동 중
　　　배 80% 좌현으로 기울어진 상황
　　　현재 70여명 구조

　○ 10:15 현재
　　　배가 전복될 위기

　○ 10:18 현재 세월호 선장
　　　"바다로 뛰어 내리라고 선내방송"

경찰청 상황보고서 3보
(오전 10시 13분)
출처: 국정조사 정진후의원실

　이 상황보고서는 경찰청(해경이 아닌 육지 경찰) 112종합상황실이 만들어 전파한 상황보고서 3보입니다. 여기에도 10시 18분에 세월호 선장이 '바다로 뛰어내리라고 선내 방송'을 한 것으로 나와 있습니다. 현실에 존재하지 않는 상황을 해경에 이어 경찰청도 전파하고 있습니다.

　목포서 상황실은 단지 '탈출하라고 대공 방송 중'이라며 방송한 주체를 밝히지 않고 보고했지만, 경찰청은 선장이라고 지칭하면서 선내 방송을 한 주체를 구체적으로 밝히고 있습니다. 하지만 세월호 선장은 이미 9시 46분경 조타실을 빠져나와 123정에 올라탄 뒤였습니다.

끝으로 해경 본청 상황실이 퇴선 지시를 내렸는지도 살펴보겠습니다.

> **해경 본청 과장:** 자, 그 배, 지금 상태 어때요?
>
> **123정장:** 현재 지금 좌현으로 약 45도, 50도 정도 기울었습니다.
>
> **해경 본청 과장:** 사람들 보여요, 안 보여요?
>
> **123정장:** 사람들 하나도 안 보입니다, 지금
>
> **해경 본청 과장:** 사람들 전부 바다에 뛰어내렸어요, 안 내렸어요?
>
> **123정장:** 바다에 사람이 하나도 없습니다.
>
> **해경 본청 과장:** 침몰할 것 같아요, 안 할 것 같아요?
>
> **123정장:** 현재 봐서는 지금 계속 더 기울어지고 있습니다.
>
> _오전 9시 37분경, 해경 경비전화 녹취록(2342)

이는 9시 37분경 해경 본청 과장과 123정장 사이에 2분 22초 동안 이루어진 통화입니다. 해경 본청의 과장이 유선전화기로 123정장의 핸드폰에 전화한 것입니다. TRS(주파수공용통신)나 상황정보 문자시스템 등 다른 정보는 모두 차치하더라도 적어도 이 통화만으로도 해경 본청은 당시 세월호가 45도 이상 기울어 있다는 것, 승객 대부분이 배 안에 있다는 것, 배가 계속 기울어 침몰이 임박했다는 것, 이 셋을 파악할 수 있었습니다.

여객선은 한번 30도 이상 기울면 원상태로 돌아오기는 힘듭니

다. 더 기울어지거나, 아니면 그 상태를 유지하거나 둘 중 하나입니다. 그런데 통화에서 123정장은 세월호가 계속 기울고 있고, 심지어 승객 대부분이 배 안에 있다고도 이야기했습니다.

그럼에도 해경 본청은 즉각 123정장에게 승객 퇴선을 지시하지 않았습니다. 당시 해경 본청 상황실에는 해양경찰청장을 비롯한 핵심 간부들이 모두 모여서 중요한 정보를 파악하고 있었는데도 누구 한 사람 퇴선 지시를 하지 않은 것입니다.

다시 한 번 강조하지만 현장 출동 세력이 상층 지휘부에 제대로 보고하지 않았다는 것은 변명이 되지 않습니다. 다른 교신 내용은 전부 제외하고 이 통화 하나만으로도 중요한 정보는 '모두' 제공되었기 때문입니다.

국가가 만들어낸
참사

국가가 세월호 참사에 대응하는 과정에서 일어난 '작위'(한 일)와 '부작위'(하지 않은 일) 중 몇 가지 중요한 사항을 추려보면 다음과 같습니다.

먼저, 현장 출동 세력(CN-235, 해경 헬기, 123정) 중 참사 전 과정 동안 세월호와 단 한 차례라도 교신을 한 존재는 없습니다. 이것이 의미하는 바는 세월호의 상황을 정확히 파악하려는 존재가 없었다는 것이고, 동시에 세월호에 이러저러한 구조 관련 지시를 내린 존재도 없었다는 것입니다.

또 현장 출동 세력 중 세월호의 선내에 진입한 사람은 단 한 명도 없습니다. 이 역시 적극적으로 승객을 만나서 상황을 파악하려 하거나 승객에게 일정한 의사를 전달하려던 사람이 존재하지 않았음을 의미합니다.

그리고 현장 출동 세력 중 선원이든 일반 승객이든 일단 구조된 사람에게 세월호의 상황을 물어본 사람도 한 명도 없습니다. 해경은 선원을 먼저 구조해 놓고 그들이 선원인 줄 몰랐다는 말만 반복할 뿐입니다.

무엇보다, 세월호 참사 전 과정에서 세월호의 방송 시설을 통해서든, 123정의 대공마이크를 이용해서든, 메가폰을 이용해서든, 아니면 육성으로든 승객에게 퇴선을 지시한 존재는 단 한 명도 존재하지 않습니다.

끝으로, 세월호가 전복되기 전 유의미한 시간대, 즉 승객을 퇴선하게 할 수 있었던 시간, 그러니까 오전 9시 50분 전에, 현장에 출동해 있는 세력에게 명료하게 '승객 퇴선'을 지시하고, 지시가 잘 이행되었는지를 확인한 상층부는 아무도 없습니다.

선박이 침몰하는 상황에서 승객에게 '퇴선退船'은 '생존'을, '재선在船'은 '죽음'을 의미했습니다. 그러한 상황에서 '퇴선'을 이야기한 사람은 선원 중에도 없었고, 해경 중에도 단 한 사람도 없었습니다. 오직 '가만히 있으라'는 방송이 있었을 뿐입니다. 그리고 그 결과는 304명의 죽음입니다.

이렇듯 수백 명의 죽음은 있는데 그 이유를 우리는 알지 못합니다. 그래서 진상 규명이 필요합니다. 한 가지 분명한 것이 있다면 그것은 국가가 사람들을 '안 구했다'는 사실입니다. '못' 구한 것이 아니라 '안' 구했다는 것.

세월호 참사 당시 국가는 그리 어렵지 않게 승객을 퇴선시키고 구조할 수 있었습니다. 둘라에이스호가 왔을 때 선원들이 퇴선 명령을 내렸더라면, 해경 헬기의 항공구조사가 퇴선 유도를 했더라면, 123정이 대공마이크로 퇴선 방송을 했더라면, 123정 승조원이 세월호에 올라가 퇴선을 유도했더라면, 123정 승조원이 세월호 조타실에 들어가 퇴선 방송을 했더라면, 얼마든지 전원 구조는 가능했습니다.

이외에도 안전행정부에서 '세월호 승객은 즉각 구명조끼를 착용하고 선박에서 탈출하십시오'라는 문자를 전 국민에게 발송하는 방법도 있었지만, 국가는 아무런 일도 하지 않았습니다.

이러한 상황에서 진상 규명의 핵심 내용은 당연히 '왜 안 구했나'가 되어야 합니다. '왜 국가가 구조 행위를 하지 않았는가.' 304명이 죽었습니다. 죽지 않을 수 있었던 사람들이 국가의 '부작위' 때문에 생명을 잃었습니다.

국가 범죄라는 세월호 참사의 성격상, 진상 규명은 일부 정치인이나 전문가의 노력으로 이루어질 것이 아닙니다. 국민적 의지가 모아졌을 때 비로소 진상 규명에 가까워질 수 있습니다. 세월호 참사의 진상 규명을 위해서는 사회적 진상을 규명하기 운동이 필요

3장

세월호의 침몰 원인

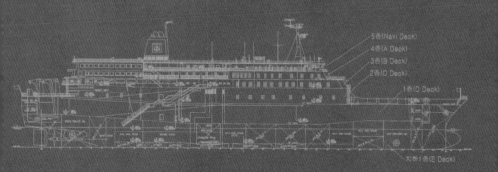

정부가 주장하는
세월호의 침몰 원인:
검찰, 민간전문가 자문단,
해양안전심판원,
선박해양플랜트연구소,
감사원

세월호가 왜 급격히 우선회를 했는지, 왜 왼쪽으로 기울어 넘어갔는지, 왜 그렇게 빨리 침몰했는지에 대해 참사 직후부터 많은 의혹과 논란이 있어왔습니다. 심지어 세월호가 인양되어 육상에 거치된 지금까지도 이러한 논란은 계속되고 있습니다.

세월호의 급격한 우선회는 조타 과실 때문인지, 기계 고장 때문인지, 아니면 외력 때문인지 알지 못합니다. 또 세월호가 왼쪽으로 크게 기울어진 것이 급격한 우선회의 결과인지, 아니면 다른 원인의 결과인지도 밝혀지지 않았습니다. 세월호의 우선회, 좌현 경사와는 별개로 대형 선박이 왜 그토록 빠르게 침수가 이루어져 전복되었는지도 아직 의문으로 남아 있습니다. 그보다 더 근원적인 의문으로, 정부가 제시한 세월호의 항적 자체가 조작된 것은 아닌지,

또 세월호 참사 발생 시각이 오전 8시 48분, 49분이 맞는지, 아니면 그보다 빠른 시간인지 등 아직 풀리지 않은 의문들이 있습니다. 그동안 검찰 수사와 재판, 감사원의 감사, 해양안전심판원의 조사 등이 계속 이어졌지만 세월호의 침몰 원인은 여전히 미궁 속에 있다 해도 과언이 아닙니다.

여기서 질문을 하나 하겠습니다. 세월호의 침몰 원인을 밝힐 책임은 누구에게 있습니까? 침몰 원인을 입증할 책임은 누구에게 있습니까? 당연히 국가 또는 정부입니다.

정부는 세월호와 관련한 모든 정보를 갖고 있고, 대한민국의 조선공학, 해양학 전공 박사급 인력을 전원 활용할 수 있는 권한이 있습니다. 지난 3년 동안 바닷속에 있던 세월호에 오갈 수 있었던 존재 역시 정부와 정부의 허가를 받은 업체뿐이었습니다. 너무나 당연히 정부는 세월호의 침몰 원인을 한 점 의혹 없이 명명백백히 밝혀야 했지만 그렇게 하지 못했습니다. 정확히 말해, '안' 밝혔고, 그래서 우리는 지금도 세월호의 침몰 원인을 알지 못합니다.

선박 사고의 원인을 규명해야 하는 법적 책임을 가진 공적 기관이 명백하게 원인을 밝히지 않고 의혹을 해소하지 못하다 보니, 영화 '인텐션' 제작팀이나 '세월X'의 자로, 김관묵 교수와 같은 민간인이 나서서 세월호 참사의 원인을 밝혀보려고 노력하는 형국이 펼쳐지고 있습니다.

먼저 세월호의 침몰 원인과 관련해 정부 측 주장은 무엇이었는지 확인하고, 법원은 어떻게 판단했는지를 검토한 후, 끝으로 세월호의 침몰 원인을 둘러싸고 벌어지는 여러 논란과 의혹에 대해 살펴보려 합니다.

세월호는 ① '12년 일본에서 수입된 후 수리-증축에 따른 총톤수의 증가(239톤)와 좌우 불균형, ② 사고 당일 최대 화물적재량(1077톤)의 2배에 달하는 과적(2142톤), ③ 선체 복원에 필요한 평형수 등을 1375,8톤 감축 적재, ④ 관계 법규에 의하지 않는 방법으로 차량-컨테이너를 부실 고박함으로 인해 복원성이 심각하게 악화된 상태에서, ⑤ 사고 해역 통과시 조타할 의무가 있는 선장이 선실을 이탈하고 근무 항해사와 조타수가 과도하게 변침하는 등 운항상 과실이 더하여 침몰에 이르게 됨.

_대검찰청 세월호 침몰 사고 관련 수사 설명 자료

이는 2014년 10월 6일 검찰이 세월호 참사 관련 수사 결과를 발표한 설명 자료의 일부입니다. 수사 결과 발표는 세월호의 침몰 원인뿐 아니라 구조 과정, 실소유주 문제, 해운 비리 등 세월호 참사와 관련된 전반적인 수사의 결과를 발표한 것이기 때문에 10월에 이루어졌는데, 이미 검찰은 2014년 5월 15일 선원들을 기소하면서 이 내용과 동일한 침몰 원인을 공소장에 적시했었습니다.

그때 공소장의 내용을 보면, 첫째 세월호를 일본에서 수입한 이후 증개축 과정에서 총톤수가 증가하고 무게중심이 위로 올라갔으며 좌우에 불균형이 생긴 상황에서, 둘째 참사 당일 세월호는 최대로 실을 수 있는 화물의 양인 1077톤보다 2배에 달하는 2142톤을 싣는 과적을 했고, 셋째 물건을 더 싣기 위해 평형수를 오히려 감축해서 실었으며, 넷째 차량이나 컨테이너를 부실하게 고박했고, 다섯째 선장이 조타실에 없는 상황에서 조타수가 조타를 과도하게 변침하는 과실을 저질러 세월호가 전복되었다는 것입니다.

증개축 과정에서 복원성 저하와 좌우 불균형, 과적, 평형수 감축, 고박 불량, 조타 과실로 구성된 이 설명 방식은 참사 초기부터 일반적으로 많이 거론되는 내용입니다. 그러다 보니 이 내용이 실제 세월호의 침몰 원인이라고 확정적으로 생각하는 사람도 많이 있습니다. 하지만 나중에 말하겠지만 이 설명 방식은 법원에서 받아들여지지 않았습니다.

다음으로 검찰 수사와 재판 과정에서 침몰 원인과 관련해 자문을 해준 민간 전문가 자문단의 주장을 볼 필요가 있습니다. 참사 이후 검찰(정확히는 당시 합동수사본부)은 11명의 민간 전문가로 구성된 자문단을 구성했는데, 이들은 2014년 4월 25일 첫 회의를 시작으로 총 5번의 회의와 이메일, 전화 토의를 거쳐 만장일치로 최종 보고서를 채택했습니다.

당시 민간 전문가 자문단의 자문단장을 맡았던 이는 세월호 선원 사건 공판에 출석해 침몰 원인과 관련한 진술을 했습니다.

> 재판부: 세월호가 과적으로 인해 복원성이 나빠졌고, 그것으로 인해 대각
> 도 변침을 하게 되는 경우에 횡경사가 일어나게 되는데 그 횡경사는 약
> 20도 전후로 파악한다는 것이지요.
>
> 자문단장: 예. 그렇습니다.
>
> 재판부: 기관부 직원이 봤던 경사각이나 사고 이후 찍힌 커튼의 경사각들
> 을 살펴봤을 때 사고 이후의 경사각을 30도로 판단했다는 것이지요.
>
> 자문단장: 예.
>
> 재판부: 그러면 20도 내외에서 30도의 차이는 다른 원인에 의해 발생된
> 것이라고 판단한다는 것이지요.
>
> 자문단장: 예. 저는 그렇게 생각하고 있습니다.
>
> (…)
>
> 재판부: 20도에서 30도의 추가 경사를 일으킬 수 있는 요인이 화물 이동
> 외에 다른 것은 없다는 취지인가요.
>
> 답: 결국 그런 쪽으로밖에 추정할 수가 없습니다.
>
> **_선원 재판 1심 15회 공판 조서**

자문단장의 진술에 따르면, 첫째 세월호는 과적을 하면서 복원
성이 나빠졌고, 둘째 그런 상황에서 선원이 실수로 대각도 조타(자
동차 운전에 비유하면 핸들을 많이 돌렸다는 의미)를 했고, 셋째 대각도

조타로 세월호가 급격히 우회전하는 과정에서 왼쪽으로 20도 정도 기울었으며, 넷째 이때 부실하게 고박되어 있던 화물이 움직이면서 배가 왼쪽으로 10도 정도 더 기울게 되었다는 것입니다. 그리고 진술에는 나오지 않지만 이후 침수가 시작되면서 왼쪽으로 계속 기울어 결국 전복, 침몰했다는 주장이었습니다.

기본적으로 검찰 공소장이나 수사 결과의 것과 동일한 내용입니다만, 세월호가 왼쪽으로 기울게 된 것과 관련해 좀 더 세부적인 내용이 담겨 있습니다. 즉 선원이 대각도 조타를 하는 과정에서 배가 20도 정도 왼쪽으로 기울었는데, 이때 제대로 묶여 있지 않던 화물이 쏠리면서 10도 정도 더 기울게 되었다는 이야기입니다.

이번에는 해양안전심판원의 판단을 살펴보겠습니다. 세월호 참사 당시 시행되던 '해양사고의 조사 및 심판에 관한 법률(해양사고심판법)'에는 다음과 같은 조항이 있습니다.

제3조(심판원의 설치) 해양사고사건을 심판하기 위하여 해양수산부장관 소속으로 해양안전심판원(이하 '심판원'이라 한다)을 둔다.

제4조(해양사고의 원인규명 등) ① 심판원이 심판을 할 때에는 다음 사항에 관하여 해양사고의 원인을 밝혀야 한다.

1. 사람의 고의 또는 과실로 인하여 발생한 것인지 여부

2. 선박승무원의 인원, 자격, 기능, 근로조건 또는 복무에 관한 사유로

발생한 것인지 여부

3. 선박의 선체 또는 기관의 구조 · 재질 · 공작이나 선박의 의장艤裝
또는 성능에 관한 사유로 발생한 것인지 여부

4. 수로도지水路圖誌 · 항로표지 · 선박통신 · 기상통보 또는 구난시설
등의 항해보조시설에 관한 사유로 발생한 것인지 여부

5. 항만이나 수로의 상황에 관한 사유로 발생한 것인지 여부

6. 화물의 특성이나 적재에 관한 사유로 발생한 것인지 여부

② 심판원은 제1항에 따른 해양사고의 원인을 밝힐 때 해양사고의
발생에 2명 이상이 관련되어 있는 경우에는 각 관련자에 대하여 원
인의 제공 정도를 밝힐 수 있다.

③ 심판원은 제1항 각 호에 해당하는 해양사고의 원인 규명을 위하
여 필요하다고 인정하면 해양수산부령으로 정하는 전문연구기관
에 자문할 수 있다.

이처럼 해양안전심판원은 법적으로 해양 사고의 원인을 규명할
책임이 있는 국가기관입니다. 세월호의 침몰 원인에 대해서도 해
양안전심판원은 규명에 나섰고, 2014년 12월 29일 '여객선 세월호
전복사고 특별조사보고서'를 발표했습니다.

6.1 안전하게 운항할 수 있는 선박 복원성 기준 미달

6.2 부적절한 조타에 의한 급선회 및 과도한 선체 횡경사 발생

6.3 고박 불량에 의한 화물의 이동-전도

6.4 선체 횡경사 심화에 따른 복원력 부족으로 침수-전복

이는 해양안전심판원이 낸 특별조사보고서의 목차 중 일부입니다. 목차만 보아도 검찰이나 민간 자문단의 주장과 다르지 않음을 알 수 있습니다. 앞서 살펴봤듯이 복원성 저하, 조타 과실과 횡경사, 고박 불량으로 생긴 화물 쏠림, 침수와 전복으로 연결되는 동일한 이야기입니다.

합동수사본부에서는 한국해양과학기술원 부설 선박해양플랜트연구소KRISO, Korea Research Institute of Ships & Ocean Engineering에도 침몰 원인을 분석해달라고 의뢰했습니다. 선박해양플랜트연구소에서는 특히 "공학적인 관점에서 사고 발생 조건을 검토하는 것에 중점"(최종보고서 1쪽)을 두었는데, 이를 위해 조종 시뮬레이션과 침수 시뮬레이션을 수행했습니다. 다음은 선박해양플랜트연구소가 낸 최종보고서의 내용입니다.

1. 본 선박은 화물 과적 및 평형수 부족으로 복원성이 취약한 상태에서 운항했다. 해양수산부에서 고시한 여객선의 복원성 기준 8개 가운데서 4개 항목을 만족시키지 못하는 것으로 나타났다. 즉 이는 선박의 안전에 매우 중요한 영향을 주는 복원성 기준을 위배한 상태에

서 운항한 것을 의미한다.

2. 예비 시뮬레이션에서 큰 타각을 사용할 경우에는 복원성 저하에 따른 선회 횡경사가 매우 크게 발생함을 확인했다. 즉 복원성이 약화된 상태에서 급격한 선회 횡경사를 유발하는 조타는 선박의 사고를 초래할 수 있다.

3. 화물을 51개 그룹으로 세분화하고 마찰계수와 고박 효과를 고려한 유효마찰계수를 적용해, 선박의 경사에 의한 화물의 미끄러짐과 선회 원심력을 반영한 시뮬레이션을 수행했다. 시뮬레이션을 통해 복원성이 약화된 선박이 과도한 조타로 인해 횡경사가 크게 발생했고, 횡경사와 선회 원심력dynamic force이 일부 화물의 유효마찰계수를 초과해 작용한 결과 화물의 이동으로 선박의 경사를 더욱 심화시켰다.

4. 대각도 선회에 의한 횡경사와 화물의 이동으로 인해 약 30도의 횡경사가 발생한 후, D-Deck의 측면 문과 선미 램프를 통해 초기 침수가 발생한 것으로 판단되며 지속적인 침수 진행으로 마침내 침몰했다.

_선박해양플랜트연구소 최종보고서(2014년 10월)

역시 앞선 주장들과 동일한 내용입니다. 복원성 취약, 대각도 조타와 횡경사, 화물 이동으로 생긴 경사 심화, 침수와 침몰로 이어지는 주장입니다.

끝으로 감사원의 감사 결과가 있습니다. 세월호 참사 이후 감사원은 2014년 5월 14일부터 6월 20일까지 총 30일간, 50여 명의 인력을 투입해 안전행정부, 해양수산부, 해양경찰청 등을 대상으로 감사를 진행했습니다. 이를 바탕으로 7월 8일에는 중간발표를 했고, 10월 10일에 최종 감사 결과를 발표했습니다.

(감사 배경·개요) 지난 4.16. 발생한 세월호 침몰 사고는 승객의 '안전'보다 '이익'을 우선한 선사의 무리한 선박 운항과 승객을 선내에 방치하고 탈출한 선원들의 무책임 등이 복합된 인재이지만, 세월호 도입, 선박 검사 및 운항 관리 부실과 함께 사고 초기 안전행정부, 해양수산부, 해양경찰청 등의 초동 대응 미숙, 확인되지 않은 각종 의혹의 확산 등으로 재난 대응 역량에 대한 국민적 불신이 고조

/허위로 작성된 자료에 근거해 '세월호 증선'을 잘못 인가
/세월호 복원성 검사 등 '선박 검사'를 부실하게 수행
/청해진해운 직원으로부터 향응 수수 후 '세월호 운항관리규정'을 부당 승인
/과적·고박 상태 확인 등 '출항 전 안전 점검'도 형식적으로 실시

_감사원 보도자료(2014년 10월 10일)

이는 감사원이 최종 감사 결과를 발표할 때 배포한 보도자료의 일부로, 세월호의 침몰 원인과 관련한 부분입니다.

세월호참사
팩트체크

침몰 원인과 관련해 구체적으로 지적한 4개 사항을 보면, 세월호 증선을 잘못 인가한 것, 복원성 검사를 부실하게 수행한 것, '세월호 운항관리규정'을 부당하게 승인한 것, 이 셋은 모두 세월호의 복원성 문제를 지적하는 것이고, 네 번째 과적, 고박 상태 등을 부실하게 점검했다는 사항은 과적과 고박 불량 문제를 지적하는 것입니다.

즉 지금까지 검찰에서 시작해 여러 정부 기관에 걸쳐 이야기했던 내용과 궤를 같이한다고 볼 수 있습니다.

이처럼 검찰, 민간 전문가 자문단, 해양안전심판원, 선박해양플랜트연구소, 감사원 등이 발표한 세월호 침몰 원인은 대부분 비슷한 내용이라 할 수 있습니다. 대동소이합니다. 정리해보면, 증개축 과정에서 세월호의 복원성이 저하되었고, 그 상태에서 선원이 대각도 조타를 했으며, 대각도 조타로 세월호가 급격히 우선회 했고, 급격히 우선회 한 결과 세월호가 왼쪽으로 기울었고, 그때 제대로 고박되어 있지 않던 화물이 왼쪽으로 쏠려 세월호는 왼쪽으로 더 기울었으며, 그렇게 기우는 과정에서 침수가 발생해 최종 전복에까지 이르렀다는 것입니다.

자, 그럼, 이제 법원은 어떻게 판단했는지 살펴보겠습니다.

세월호의
침몰 원인에 대한
법원의 판단

선원 재판 1심:
차량 고박 불량은 범죄사실에서 제외

        1심 판결은 검찰의 기소 내용을 대부분 인정했습니다. 즉 증개축 과정에서 복원성 저하, 과적, 고박 불량, 대각도 조타 모두를 인정했던 것입니다.

하지만 1심 판결문 내용 중 거의 알려지지 않은 사실이 있어 이번 기회에 소개하고자 합니다. 1심 판결문 중 각주 15번을 보면 '차량 고박에 관한 과실'은 범죄사실에서 제외한다는 내용이 나옵니다.

각주 15) 공소사실에는 김정수가 현장 인부들에게 '차량은 라싱밴드를 앞뒤로 1가닥가량만 사용하여 고박하라'는 지시도 한 것으로 기재되어 있다. 교통안전공단의 자동차안전연구원에서 경사판을 이용하여 측정한 자동차의 미끄러짐 시작 경사각은 한쪽만 고박할 경우 차종에 따라 24.7도에서 31도로 나타났으나, 위 실험에서 5톤 트럭과 소렌토 승용차의 경우 고박을 하지 않았을 때의 미끄러짐 시작 각도가 오히려 더 높게 측정되었고, 국립과학수사연구원의 실험 결과에 의하면 1톤 포터 자동차의 최대 정지마찰계수가 0.69(미끄러짐 시작 각도가 30도인 경우 마찰계수는 0.58)까지 나타났으며, 선박해양플랜트연구소도 위 0.69를 마찰계수로 적용하여 시뮬레이션을 진행했는바, 검사가 제출한 증거들만으로는 차량 고박에 관한 과실이 선박 침몰의 원인이 되었다고 볼 증거가 부족하고 달리 이를 인정할 증거가 없으므로, 차량 고박과 관련된 부분은 범죄사실에서 제외한다.

_선원 재판 1심 판결문

쉽게 설명하면, 교통안전공단의 자동차안전연구원에서 여러 종류의 차량을 고박하지 않은 경우, 한쪽만 고박한 경우, 양쪽 다 고박한 경우 등으로 나누어, 어느 정도 기울었을 때 미끄러지기 시작하는지를 실험했던 것입니다. 그 결과 일부 차량의 경우에는 고박을 하지 않았을 때 미끄러짐 시작 각도가 더 높게 측정되었던 것입니다. 즉 한쪽이든 양쪽이든 고박을 했을 때보다 고박을 하지 않았을 때 더 잘 안 미끄러지는 차량이 있었던 것입니다.

다음으로 국립과학수사연구소에서도 실험을 했는데 세월호는 현재 바닷속에 있기 때문에 세월호를 갖고 실험할 수는 없으므로, 세월호와 구조가 비슷해 쌍둥이 배로 알려진 오하마나호를 갖고 마찰계수를 측정했습니다. 그 결과 1톤 포터 화물차의 경우에는 최대 정지마찰계수가 0.69가 나왔습니다. 배가 30도 기울었을 때 미끄러지기 시작하는 마찰계수가 0.58인데 마찰계수가 0.69로 나왔다는 것은, 배가 30도 기울었을 때에도 화물차가 미끄러지지 않는다는 것을 말합니다. 앞에서, 민간 전문가 자문단장은 급격한 우선회로 배가 20도 정도 왼쪽으로 기울고 그때 화물이 이동하는 바람에 왼쪽으로 더 기울게 되었다고 했는데, 적어도 차량은 세월호가 더 기울어지게 하는 데 기여했다고 보기는 힘든 것입니다. 그래서 범죄사실에서 제외되었습니다.

일반적으로 세월호에서 고박 불량 문제라고 했을 때 차량과 컨테이너 모두를 부실하게 고박한 것이라 생각하지만, 1심 판결에서 차량 고박 관련 과실은 범죄사실에서 제외되었습니다. 범죄사실에서 제외했다는 것은 검찰에서는 기소를 했지만 법원에서는 유무죄를 판단할 필요도 없이 범죄가 성립되지 않는 사안이라고 생각해서 판단 대상에서 제외했다는 것을 말합니다.

선원 재판 항소심:
'침몰 원인 모른다'

선원 재판 1심 판결에서 '차량 고박 관련 과실'을 범죄사실에서 제외했다면, 항소심 판결에서는 아예 침몰 원인을 알지 못한다고 판단했고, 이에 따라 조타 관련 과실을 무죄로 판결했습니다. 그리고 이 판결은 대법원에서 확정됩니다.

다음은 항소심 판결문의 해당 부분입니다.

세월호를 해저에서 인양하여 관련 부품들을 정밀히 조사한다면 사고 원인이나 기계 고장 여부 등이 밝혀질 수도 있다. 그러나 형사재판에서 증명 책임은 검사에게 있으므로 사고 원인을 모를 때에는 피고인들에게 유리하게 판단할 수밖에 없다. 따라서 사고 당시 조타기나 프로펠러가 정상적으로 작동했는지에 관하여 합리적인 의심이 있는 이상 피고인 조준기에게 우현으로 대각도로 조타한 업무상 과실이 있고 피고인 박한결에게 대각도 조타에 관한 감독 의무를 소홀히 한 과실이 있다고 단정하기 어렵고 달리 이를 인정할 만한 증거가 없다.

_선원 재판 항소심 판결문

항소심 판결의 취지는 삼등항해사 박한결의 감독 의무 과실과 조타수 조준기의 조타 과실을 검찰 측에서 제대로 입증하지 못했다는 정도의 이야기가 아닙니다. 세월호의 침몰이 기계 고장으로 생긴 것인지, 아니면 사람의 과실에 의한 것인지 사고 원인 자체를 모른다는 취지입니다. 사고 원인 자체를 모르는 상황에서 박한결과 조준기에게 업무상 과실이 있다고 단정할 수 없다는 것입니다. 즉 법원은 세월호의 침몰 원인을 모른다고 판단했습니다.

적어도 법원은 검찰 측이 제시한 증거만으로는 세월호의 침몰 원인을 확증할 수는 없다고 판단했습니다. 그렇다면 세월호 참사처럼 국민적 관심이 높은 사안에 대해 해양안전심판원이든, 해양수산부든 보충 설명을 해야 하는 것이 당연합니다. 하지만 정부는 그러한 노력을 기울이지 않고 있을 뿐 아니라, 초기부터 해오던 주장을 고수하고 있습니다. 그러다 보니 세월호의 침몰 원인과 관련한 의혹은 가시지 않고 논란이 계속되고 있습니다.

침몰 원인을
둘러싸고
계속되는 논란

해양안전심판원
보고서 자체의 문제

해양안전심판원은 앞서 말했듯이 법률에 의거해 법적으로 해양 사고의 원인을 규명할 책임이 있는 기관입니다. 해양안전심판원이 특별조사보고서를 발표했음에도 세월호의 침몰 원인에 대한 논란은 종식되지 않았습니다. 오히려 해양안전심판원의 보고서 자체가 또 하나의 논란을 낳았을 뿐입니다. 예를 들어 해양안전심판원 보고서 90쪽을 보면 다음과 같은 부분이 나옵니다.

4.5.3 화물 이동에 따른 세월호의 복원력 상실

4.5.3.1 세월호가 좌현으로 과도하게 기울게 됨에 따라 허용 범위를 초

과한 하중으로 고박 장치가 파손되었거나 고박이 제대로 되어 있지 않던 차량이나 화물이 좌현으로 쏠리기 시작했다.

4.5.3.2 세월호와 동형 선박인 아리아케호(총톤수 7910톤)에서 2009년 11월 13일 발생한 좌초 사고에 대한 조사보고서에 의하면, 고박되지 않은 컨테이너는 횡경사각이 25도가 되면 옆으로 미끄러지기 시작하고, 2단에 적재된 선수미 방향의 20피트 컨테이너는 약 29도에서 넘어지기 시작한다.

4.5.3.3 그리고, 고박되지 않은 차량 섀시(Chassis, 차대)는 횡경사각 약 22도에서 옆으로 미끄러지기 시작하고, 횡경사각이 약 27도가 되면 고박용 체인이 파열될 가능성이 높아진다.

4.5.3.4 또한, 이 선박에서는 과거에 파도에 의해 선체가 16도가량 횡요할 때 고박용 체인의 파열은 없었지만 컨테이너가 옆으로 미끄러지고 섀시가 움직인 적이 있었다고 보고되었다.

4.5.3.5 한편, 자동차안전연구원의 자동차 미끄러짐 경사각 측정 실험에 의하면, 1톤 화물차는 30도를 넘으면 옆으로 미끄러지기 시작하는 것으로 나타났다.

4.5.3.6 상기 자료 등을 고려하면, 아리아케호 사고와 세월호 사고는 사고 당시 기상 상태, 화물 고박 상태 및 화물 갑판의 마찰면 등이 다르지만, 선수 갑판 2단에 적재된 컨테이너는 세월호가 15~20도 가량 횡경사 되었을 때 옆으로 미끄러지면서 해상으로 추락되기 시작하는 것으로 추정된다.

앞에서는 아리아케호의 경우 "2단에 적재된 선수미 방향의 20피트 컨테이너는 약 29도에서 넘어지기 시작"한다고 이야기해놓고, 뒤에서는 "선수 갑판 2단에 적재된 컨테이너는 세월호가 15~20도 가량 횡경사 되었을 때 옆으로 미끄러지면서 해상으로 추락되기 시작하는 것으로 추정"한다고 결론을 내리고 있습니다. 보고서 자체가 모순됩니다.

물론 "선체가 약 16도 가량 횡요할 때 고박용 체인의 파열은 없었지만 컨테이너가 옆으로 미끄러지고 섀시가 움직인 적"이 있었다고는 하지만 이를 일반화할 수는 없는 것입니다.

또 이 보고서의 내용은 민간 자문단의 보고서와도 내용이 충돌합니다. 앞서 자문단장의 진술에서 보았듯이 민간 자문단은 급격한 우회전으로 20도 정도 좌측으로 기울고, 거기에 화물 이동이 더해져 10도 정도 더 기울어진 것으로 이야기하고 있습니다. 하지만 해양안전심판원의 보고서를 보면, 고박되지 않은 컨테이너는 25도에, 2단에 적재된 선수미 방향의 20피트 컨테이너는 29도에, 고박되지 않은 차량 섀시는 22도에, 1톤 화물차는 30도가 넘으면 미끄러지는 것으로 나오는데, 모두 경사각이 20도가 넘어가고 있습니다. 즉 20도에는 차량이든 컨테이너든 미끄러진다고 보기 힘든 것입니다.

현 시점에서 '미끄러진다' '미끄러지지지 않는다' 어느 한쪽이라고 확정적으로 말할 수는 없습니다. 다만 세월호의 침몰 원인을 규명할 법적 책임이 있는 공적 기관의 보고서에 내적 모순이 있고, 또 정부에 자문을 해준 다른 자문단의 견해와 차이가 있다는 것을 지적하고자 합니다.

참사 발생 시각에
대한 논란

믿기 힘들 수도 있지만 세월호 참사 발생 시각이 정확히 언제인지도 여전히 논란의 대상입니다. 일반적으로는 오전 8시 48분, 49분 정도를 침몰 시작 시각으로 간주하지만 아직 확정적이라고 보기는 힘듭니다. 왜냐하면 그 시각 이전에 세월호 참사가 발생했다고 말해주는 자료가 너무나 많기 때문입니다.

1. 오전 8시경

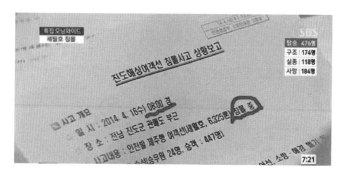

SBS '특집 모닝와이드' 방송 화면 캡처
출처: 미디어오늘 2014년 5월 8일

세월호참사
팩트체크

작성 주체가 안전행정부, 소방방재청 상황실로 되어 있는 '진도 해상여객선 침몰사고 상황보고'라는 제목의 문건에는 사고 시각이 오전 8시경으로 되어 있습니다. 이에 대해 안전행정부에서는 "당일 해당 보고서를 작성한 것으로 추정되는 과장에게 물어보니 정말 말 그대로 초안이라고 한다. 기사로 예로 들면 수정하는 과정의 중간본으로 공식적으로 어디에 보고하거나 기자들에게 배포한 것이 아니다. 파일 작성 과정에서 프린트된 것이 방송 화면에 잡히면서 오해의 여지가 있는 것"이라고 해명했다고 합니다.[1]

그런데 사고 시각을 오전 8시라고 적은 문서는 또 있습니다. 바로 세월호의 선사인 청해진해운을 관장하는 한국해운조합 인천지부가 사고 당일 작성한 보고서에도 사고 시각이 오전 8시로 나와 있습니다.[2]

1 미디어오늘 2014.5.8. '세월호 사고 당일 오전 8시경 침몰했다는 문건 '또' 실수?'
2 뉴스타파 2014.6.24. '세월호 미스터리… 항적 기록과 사고 지점'

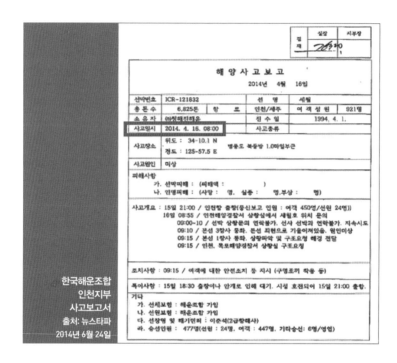

한국해운조합
인천지부
사고보고서
출처: 뉴스타파
2014년 6월 24일

이 보고서에는 세월호 참사 당일 오전 8시 55분에 인천해양경찰
서(인천서) 상황실에서 한국해운조합 인천지부에 세월호의 위치에
대해 문의해와서, 9시 10분에 인천지부가 세월호의 삼등항해사와
통화했으며, 9시 15분에는 세월호의 일등항해사와 통화했다는 내
용까지 적시되어 있습니다.

이렇듯 세월호 승무원과 통화한 시각까지 기록해놓은 보고서에
사고와 관련해 가장 중요한 정보 중 하나인 사고 시각이 오전 8시
로 기록되어 있다는 것은 주목해봐야 할 문제입니다.

세월호참사
팩트체크

2. 오전 8시 25분경

진도군 상황실의 상황보고서
출처: 뉴스타파 2014년 4월 18일

진도군 상황실이 전라남도 상황실에 보낸 '세월호 여객선 침몰 상황보고서'라는 문서에는 사고 시각이 오전 8시 25분경으로 되어 있습니다.

뉴스타파의 취재에 의하면, 진도군청의 관련 공무원은 취재진과 다음과 같이 대화했습니다.

공무원: 제가 전화를 하면서 기록들을 해요. 기록들을 하면서 기록된 걸 쓰는데 전화가 하도 여러 군데에서 오니까 누구한테 들었다, 이게 사실 어렵습니다. 이게 제가 다 전화로 문의하면서 적은 것이라.

뉴스타파: 얼토당토않은 정보라든지 시간을 쓰지는 않으셨을 것 아니에요?

공무원: 그렇죠. 저도 제가 지어낸 건 아니고 제가 들은 바를 쓴 거죠.[3]

3. 오전 8시 30분경

항행경보(제 14-155호) 내용

▶ **제목**

항행경보(제14-155호) 진도군 관매도 부근 여객선 침몰 조난 협조

▶ **내용**

16일 오전 8시 30분경 전남 진도 부근 해상에서 인천에서 제주로 항해 중이던 여객선 세월호가 침몰 중이며, 세월호에는 수학여행 학생 등 승객 471여명이 탑승 중이니, 인근 해역을 항해 중인 선박과 어선은 조난 구조에 협조하여 주시기 바랍니다

☐ 남해안 ~ 진도 연안 ~ 여객선 침몰 중

○ 예상 시간: 4월 16일 오전 8:30 경

○ 지점: 전남 진도군 관매도 부근 해상

○ 선명: 세월호(6325톤). 끝.

국립해양조사원 항행경보
출처: 세계일보 2014년 4월 21일

해양수산부 산하 국립해양조사원은 오전 10시쯤 '항행경보 제 14-155호'를 긴급 발령하는데, 그 내용에 사고 시각이 오전 8시 30분경이라고 적혀 있습니다. 사고 시각에 대한 해양조사원의 입장이 석연치 않은 구석이 있기 때문에 당시 이를 취재했던 언론 기사의 내용을 다소 길지만 인용합니다.

---

3 뉴스타파 2014.4.18. '세월호 침몰 상황보고서 입수… 발생 일시 20여 분 일러'

세월호참사
팩트체크

시사저널은 정확한 시간을 확인하기 위해 4월 21일 해양조사원의 공식 입장을 요구했다. 당시는 사고 발생 6일째에 접어든 날로, 이때까지도 시사저널이 확인한 해양조사원의 항행경보에는 침몰 시간이 '8시 30분경'으로 분명히 명기돼 있었다.

기자는 세월호 침몰과 관련한 항행경보를 직접 내린 담당자 정 아무개 씨와 접촉할 수 있었다. 정씨가 밝힌 당시 상황은 이랬다. "원래 사고가 나면 해경·해양수산부 등 관련 기관에서 사고가 났다고 (해양조사원에) 먼저 알려준다. 그런데 그날은 담당 기관이 정신이 없어서인지 언론 보도가 나간 후에도 연락이 없었다. 그래서 (내가) 9시 40~50분쯤에 직접 해양수산부 상황실에 전화했다. 그때 그렇게 (8시 30분경 침몰 중으로) 듣고 올렸다."

즉 정씨는 해양수산부를 통해 세월호 침몰 시간을 '8시 30분경'이라고 공식 확인했다는 것이다. 혹시 정씨의 착각은 아니었을까. 기자가 "이는 대단히 중요한 문제다. 혹시 (해양수산부의 전달 내용을) 잘못 들은 것은 아니냐"고 재차 물었으나 "(8시 30분경이라고) 들었다"고 재확인했다.

기자는 해양수산부 상황실에 이에 대해 물었다. 하지만 해양수산부 측은 이를 전면 부인했다. 이인수 상황실장은 "전화 기록은 이틀만 저장하게 돼 있어 지금 정확한 전화 기록은 없지만, 우리가 8시 30분경이라고 말할 리가 1퍼센트도 없다"고 밝혔다. "시사저널이 해양조사원 측에서 분명히 확인했다"고 하자 그는 "내가 해양조사원에 전화해볼 테니 (나중에) 다시 한 번 해양조사원에 확인해봐라"고 말했다.

해양수산부에서 해양조사원으로 전화가 가고 난 뒤 정씨의 입장은 180도 바뀌었다. 당초 실수로 침몰 시간을 잘못 올릴 리는 결코 없다고 말했던 정씨는 돌연 "세월호 침몰 사고를 뉴스를 통해 맨 처음 알게 됐고, 우리(해양조사원)가 자체적으로 사고 발생 시간을 예상했다. 사고 발생 시간보다는 사고 발생 지점이 더 중요하고, 빨리 사고 사실을 알려야겠다는 생각에 (항행경보를) 조급하게 올렸다"고 말을 바꿨다.

이 같은 정씨의 갑작스러운 입장 변경에는 쉽게 수긍이 가지 않는 대목이 많다. 정씨의 말대로 당시 경황이 없는 상황에서 빚어진 착오라면, 그 이후에라도 항행경보를 정정했어야 옳다. 사고 이후 세월호 침몰 최초 신고 시간이 8시 50분대라는 뉴스는 귀가 따갑도록 반복되고 있었다. 그러나 세월호가 침몰한 지 엿새가 지나도록 해양조사원의 항행경보는 계속 '8시 30분경'으로 명기돼 있었다.

더욱 의심이 드는 대목은 해양조사원 측이 시사저널의 취재가 진행된 직후인 4월 21일 오후에야 비로소 항행경보 내 침몰 시각을 '8시 30분경'에서 '8시 55분'으로 정정했다는 점이다. 설령 이것이 행정상의 실수가 맞다고 하더라도 엿새 동안이나 잘못된 정보를 방치한 국가 행정기관의 '업무 태만'을 지적하지 않을 수 없다.[4]

사고 시각이 오전 8시 30분이라고 말한 곳이 또 있습니다. 세월호특조위(4 · 16세월호참사 특별조사위원회)에서도 새로운 진술을 확

---

4 시사저널 1280호 2014.5.1. "'8시 30분경 침몰 중' 세월호 참사 최초 신고 시간 미스터리'

보했던 것입니다. 세월호특조위의 중간보고서에는 다음과 같은 구절이 있습니다.

세월호 생존자 및 희생자들의 휴대폰 사진과 동영상 이외에도 침몰 시점과 관련해 여러 진술인들을 통한 새로운 진술 확보(8시 30분경으로 침몰 시간 진술)

세월호특조위의 조사 과정에서 세월호의 침몰 시간을 오전 8시 30분경이라고 진술하는 사건 관련자들이 있었던 것입니다.

4. 오전 8시 35분경

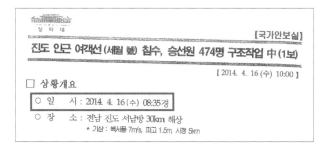

청와대 국가안보실이 참사 당일 오전 10시에 대통령에게 올린 '최초 보고'인 상황보고서 1보는 사고 시각을 오전 8시 35분경으로 적시하고 있습니다. 청와대는 사고 자체는 10시보다 훨씬 일찍(9시 19분) 인지했지만 '대통령에게 사고 났다고만 보고할 수는 없어 더

많은 정보를 수집해서 보고하느라 늦어졌다'고 변명했습니다.

그 외에도 어민들의 증언과 언론 보도 등을 확인해보면 사고 시각에 대해 일반적으로 이야기되는 시간대보다 더 앞선 시각을 말하는 경우가 다수 발견됩니다. 세월호의 정확한 사고 시각 역시 정부에서 한 점 의혹 없이 명명백백히 밝혀야 함에도 그렇게 하지 않고 있습니다.

AIS에 대한
논란

AIS는 선박이 항해하면서 배 이름, 위도와 경도, 속력, 선수 방향 등의 정보를 일정한 규칙에 따라 발신하는 시스템입니다.

AIS 항적은 참사 초기부터 침몰 원인과 관련한 의혹의 중심에 있었고 지금도 의혹은 해명되지 않고 있습니다. 여기서 AIS 항적과 관련한 모든 의혹을 다 이야기할 수는 없고, 정부가 AIS 항적을 공개하는 과정에 대한 의혹만 지적하겠습니다.

정부에서 AIS 항적을 공개하는 과정은 다음과 같았습니다.

1. 4월 16일 참사 직후, 대전 정부통합센터에는 항적 기록이 저장되어

있지 않다고 발표함

2. 4월 16일 오후 4시경, 목포VTS(해상교통관제센터) 자료를 복원해 3분 36초가 누락된 항적도를 발표함

3. 4월 21일, 목포VTS 자료를 '정밀' 복원해 36초 부분이 누락된 2차 복원 항적도를 발표함

4. 4월 26일, 진도VTS 자료를 복원해 29초 부분이 누락된 3차 항적도를 발표함

5. 5월 13일, 두우패밀리호의 항해기록장치를 입수해 35초 부분이 누락된 4차 복원 항적도를 발표함

5차례 공개 과정 각각에 전부 의혹이 존재하지만 한 가지 문제만 지적하고자 합니다. 정부의 발표에 따르면, 4월 16일 오후 목포VTS 자료를 복원해 3분 36초 누락된 항적도를 확보했고, 4월 21일 목포VTS 자료를 '정밀'하게 복원해 36초 외에는 다 복원했으며, 4월 26일 진도VTS 자료를 복원했는데 이것은 이전에 누락되어 있던 7초가량을 더 복원해 총 29초를 제외하고는 모든 항적을 복원한 것이라는 이야기입니다.

그런데 해양수산부가 4월 26일에 확보했다는 진도VTS 자료를 해양수산부 소속 기관인 해양안전심판원은 이미 4월 16일에 확보했었습니다.[5] 다음은 해양안전심판원의 서면 답변 내용입니다.

5 김현미의원실 보도자료 2014.7.1. '해양수산부는 어떻게 세월호 항적도를 복구했나?'

해양안전심판원의 서면 답변
출처: 김현미의원실

그러니까 해양안전심판원이 이미 4월 16일 참사 당일 진도VTS
를 방문해 AIS 자료를 수집했던 것입니다. 해양수산부가 자기 소속
기관이 이미 갖고 있던 자료를 열흘이나 지난 4월 26일에야 확보하
게 된 것은 선뜻 이해하기 어렵습니다.

문제는 이뿐만이 아닙니다. 해양안전심판원의 서면 답변 내용을
보면, 4월 16일에 진도VTS에서 해양안전심판원에 제공한 자료에
는 세월호 AIS 데이터 중 오전 8시 47분 35초부터 8시 52분 30초까
지 총 4분 55초의 자료가 누락되어 있었다는 것을 알 수 있습니다.
그런데 열흘 뒤인 4월 26일 해양수산부가 진도VTS에서 확보했다
는 자료에는 29초 외에 AIS 데이터가 다 있다고 이야기를 하고 있
습니다.

진도VTS가 해양안전심판원에 줄 때는 일부를 빼고 주고, 해양
수산부에 줄 때는 일부를 포함해 준 것인지, 즉 동일한 곳에서 자

료를 제공받았는데 한 군데에는 없는 것이 다른 한 군데에는 표시되어 있는지에 대한 의문이 아직까지 명백히 해결되지 않고 있습니다.

AIS 항적은 세월호 참사의 진상을 규명하는 데 첫 출발점이 되는 데이터입니다. 그런데 진상 규명은커녕 그 자체가 거대한 의혹 덩어리가 되어버리고 말았습니다.

궁극적으로 세월호의 침몰 원인을 규명할 책임은 정부에게 있습니다. 현재 분명한 것은 규명 작업을 진행할 대한민국의 인적 자원과 관련 자료를 모두 확보하고 있는 정부가 정확한 침몰 원인을 내놓고 있지 않다는 것입니다.

이제 세월호 선체가 인양되면서 미수습자도 일부 돌아오고 있습니다. 무척 다행스러운 일입니다. 진상 규명은 이제 시작입니다. 우리는 여전히 침몰 원인을 알지 못하고 왜 국가가 구조를 하지 않았는지 알지 못합니다. 국민적 관심과 참여가 절실한 상황입니다.

4장

'언론'의
세월호 참사 보도

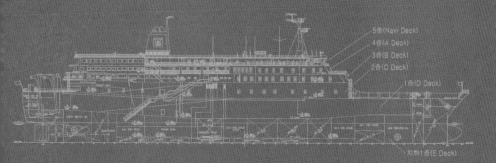

5층(Navi Deck)
4층(A Deck)
3층(B Deck)
2층(C Deck)
1층(D Deck)
지하1층(E Deck)

전원 구조
오보

　　　"학교에서 연락을 받고 내려가는 차 안에서 뉴스를 보는데 '세월호 사망 보험금이 얼마다' 하는 내용이 나오는 거예요. '아니, 우리 애들 지금 데리러 가는데 보험 이야기가 왜 나오나' 했지요."

　　　"아휴, 전원 구조 보도죠. 그때 학교 가서 조금 있으니까 강당에 전원 구조 자막이 딱 뜨는 거예요. '그럼 그렇지' 하고 다시 회사에 갔죠. 지금도 너무 한이 되고, 전원 구조 보도만 생각하면 아직도 눈물이 납니다."

＿유가족과의 대화

선내 방송이
이루어지고 있다는 거짓 보도

참사 당일 오전 10시 조금 넘은 시점부터
언론에서는 일제히 탈출 선내 방송이 나오고 있다고 보도하기 시작
합니다.

오전 10시 12분경 KBS 뉴스특보, '선내 방송 "침몰 임박…탑승객 바다로 뛰어내려야"

오전 10시 13분경 MBC 뉴스특보, '선내 방송 "승객들 바다로 뛰어내려"'

오전 10시 조금 넘은 이 시간대는 사실 세월호가 침수되어 가라
앉는 시간입니다. 해경 123정과 헬기, CN-235기 등은 배가 전복되
는 모습을 빤히 지켜보고 있었습니다. 한편 언론은 그 과정을 취재
할 수 있는 입장이 전혀 아니었습니다. 그런데 해경과 경찰청, 언론

이 한목소리로 실제로 일어나지 않은 일을 전파하고 있는 것입니다. 앞서 확인했듯이 세월호 참사 전체에 걸쳐 퇴선하라는 선내 방송은 없었습니다.

전원 구조
오보의 전말

2014년 4월 16일 오전 9시 50분경. 수학여행을 가서 잘 놀고 있을 아이의 소식을 기다리던 부모들은 학교로부터 문자 한 통을 받았습니다.

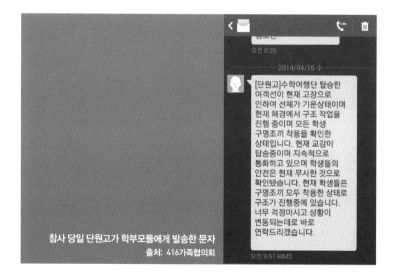

오전 8:26

2014/04/16 수

[단원고]수학여행단 탑승한 여객선이 현재 고장으로 인하여 선체가 기운상태이며 현재 해경에서 구조 작업을 진행 중이며 모든 학생 구명조끼 착용을 확인한 상태입니다. 현재 교감이 탑승중이며 지속적으로 통화하고 있으며 학생들의 안전은 현재 무사한 것으로 확인됐습니다. 현재 학생들은 구명조끼 모두 착용한 상태로 구조가 진행중에 있습니다. 너무 걱정마시고 상황이 변동되는데로 바로 연락드리겠습니다.

오전 9:57 MMS

참사 당일 단원고가 학부모들에게 발송한 문자
출처: 416가족협의회

'수학여행단 탑승한 여객선이 현재 고장으로 인하여 선체가 기운 상태이며 현재 해경에서 구조 작업을 진행 중이며 모든 학생 구명조끼 착용을 확인한 상태입니다. 현재 교감이 탑승 중이며 지속적으로 통화하고 있으며 학생들의 안전은 현재 무사한 것으로 확인되었습니다. 현재 학생들은 구명조끼를 모두 착용한 상태로 구조가 진행 중에 있습니다. 너무 걱정 마시고 상황이 변동되는 대로 바로 연락드리겠습니다.'

그보다 먼저 TV에서 뉴스 속보를 본 이웃의 이야기를 듣고 학교로 사실을 확인한 부모들도 있었습니다. 허둥지둥 학교로 달려간 사람들이 먼저 교실에 모였습니다. 학생부장과 선생님 몇 분이 있었지만 제대로 상황을 아는 이는 없었습니다. 누군가 강당으로 올라가자고 했습니다. 교실의 시계는 10시 30분을 가리키고 있었습니다.

의자도 채 놓이지 않은 강당. 우왕좌왕하는 사이에 선생님들이 자리를 마련하고 하나둘 부모들이 모였습니다. 강당의 TV 화면에서는 SBS 뉴스가 나오고 있었습니다. 당시 학교운영위원장이 사회를 보았는데, 강당 여기저기서 '100퍼센트 구조되었다고 연락이 왔다' '전원이 다 구조되었다' 하는 이야기가 들렸습니다. 그 와중에 11시 5분경 TV 화면에 '단원고 측 '학생 모두 구조''라는 자막이 나왔습니다. 엄마들은 북받치는 마음에 눈물을 삼키고 손을 움켜

쥐었지만, 아빠들은 '해경도, 정부기관도 아니고 어떻게 단원고가 학생 모두 구조라고 해' 하며 고함을 치기도 했습니다.

하지만 TV 화면에 '전원 구조'라는 자막이 계속 나오고, 스튜디오의 앵커가 '지금 전원이 구조가 됐습니다'라고 확인을 해주었습니다. 기자도 말했습니다. '바다로 뛰어들 준비를 하라는 선내 안내방송이 나온 직후 대부분의 승객들은 이미 선체 밖으로 빠져나온 것으로 알려져 있습니다. 지금 바다 위에서 구조를 기다리고 있는 상황입니다. 해경과 해군은 구명 장비를 던져서 바다의 승객들을 구조'하고 있다고. 바다의 날씨도 나쁘지 않다고 했습니다. 그 시간 누구도 전원 구조를 의심하지 않았습니다.

앵커: 목격하고 있는 상황을 말씀해주시겠습니까.

해경 항공기 부기장: 선체의 95퍼센트 이상이 수면 아래로 침몰된 상황입니다. 선수 부분 조금만 물 위로 나와 있는 상황. 대부분의 인원들은 출동해 있는 함정, 지나가던 상선, 해군 함정[에 의해], 대부분의 사람들이 구조가 된 상황입니다. 수면 아래 사람들이 갇혀 있는지 파악을 하고 있는 중입니다.

_KBS 뉴스특보, 참사 당일 오전 10시 38분

KBS와 MBC의 보도는 더욱 구체적이고 희망적이었습니다. KBS 뉴스특보에서는 오전 10시 38분경 현장에 출동해 있던 해경 항공기 부기장의 인터뷰를 전합니다. 부기장은 인터뷰에서 '대부분의 사람들이 구조된 상황'이라며 마치 눈앞에 보이는 상황을 직접 확인하듯 말합니다. 하지만 10시 23분경 세월호는 완전히 전복된 상황이었습니다. 반면에 10시 39분경 같은 항공기에 타고 있던 기장은 소방헬기에 '지금 현재 구조 인원 파악 안 되고요. 전체 인원이 다 구조가 다 안 됐어요'라고 이야기했습니다. 10시 40분경 KBS 뉴스에는 '박대통령 '단 한 명의 인명 피해도 없도록 하라''는 내용의 자막이 나옵니다. 10시 46분경부터는 '해군 '탑승객 전원 선박 이탈… 구명 장비 투척 구조 중''이라는 자막이 반복됩니다.

팽목항에서 목격한
거짓 보도

진도 팽목항에 나간 기자는 세월호 참사 현장을 뒤로하고 카메라 앞에 서서 '해경과 해군 등 동원 가능한 모든 세력들이 구조에 나서고 있다'는 멘트를 반복했습니다. 참사 다음날인 4월 17일 오전 KBS 2TV가 '굿모닝 대한민국'이라는 생방송 프로그램을 촬영하는 중에 벌어진 일입니다. 정부가 구조 인력을 총동원했다는 거짓 보도에 화가 난 가족들이 PD에게 거세게 항의했는데, KBS는 그 모습을 그대로 방송에 내보냈습니다. 방송통신심의위원회는 그 방송에 대해 '방송심의에 관한 규정 제27조(품위유지)'를 위반했다며 권고 조치를 내렸습니다.

이 같은 세월호 참사 보도에 유가족은 물론이고 국민 전체가 분통을 터트렸습니다. 하지만 우리가 아는 대부분의 오보, 편파 보도에 대해 방송통신심의위원회는 '권고' '경고' 조치를 내리는 데 그쳤습니다.[6] 4월 18일 KBS 뉴스특보가 '선내에 엉켜 있는 시신이 다수 있다'는, 사실과 다른 내용의 발언과 자막을 내보낸 것이 경고 조치를 받았고, MBC가 참사 당일 구조가 진행되던 중에 단원고 학생들의 사망보험금을 계산해 보도한 것도 권고 조치를 받았을 뿐입니다.

세월호 참사 이후 기자와 언론 노조, 관련 단체를 중심으로 자성과 진단이 이어졌습니다. 소수의 내부 고발도 있었습니다. KBS에서는 새내기 기자들이 사내 게시판에 '반성합니다'라는 글을 올렸고, MBC 기자들도 대국민 사죄문을 발표했습니다. 기자협회들도 연이어 성명서와 반성문을 발표했습니다. 현장에 누구보다 빨리 달려갔던 목포MBC의 한 취재기자는 '전원 구조' 보도가 사실이 아닐 수 있다고 본사에 거듭 정정을 요청했는데도 묵살되었다며 당일의 상황을 상세히 밝히기도 했습니다. 하지만 그 기자는 이후 비보도 부서로 발령을 받는 등 불이익을 받아야 했습니다.

2014년 4월 16일 오전 11시 이전부터 '전원 선박 이탈' '거의 다 구조' '선내 탈출 방송 중'이라는 어이없는 보도와 앵커 멘트를 이어갔던 KBS와 MBC. '전원 구조'가 오보로 밝혀진 이후에도 오락가락하며 출처가 불분명한 보도 내용으로 가족과 국민을 '희망 고

---

6 이 책의 148쪽 '세월호 참사 주요 보도와 방송통신심의위원회의 조치 현황' 참조

문' 했습니다. 하지만 언론사 대표와 보도 책임자들은 아직까지 유의미한 반성을 한 바가 없습니다.

당시 KBS 길환영 사장은 '해경 비판 보도 자제'를 주문했고, MBC 안광한 사장은 자사의 보도에 대해 '시청자들의 기대가 여전히 살아 있음을 느끼게 해주었다'고 자평했습니다. 목포MBC의 '전원 구조' 보도 정정 요청을 무시했던 MBC 전국부장은 또 한 번 민간 잠수사의 죽음을 유가족 탓으로 돌리며 편파 보도와 왜곡 보도에 앞장서기도 했습니다.

'전원 구조'를 최초로 보도한 MBN은 '정부 관계자가 민간 잠수사들의 잠수를 막았다'는 홍가혜 씨의 인터뷰에 대해서만 보도국장이 공식 사과했습니다. '실종자 가족과 정부, 해경, 민간 구조대원'에 사과한 것이지만, 정작 가족과 국민의 가슴을 더 아프게 했던 오보들에 대해서는 사과와 해명을 하지 않았습니다.

세월호 참사 보도에 대한 현장 기자들의 반성은 이후 언론 전문가와 언론 단체들의 보고서, 논문으로 이어졌습니다. 결국 속보 경쟁으로 혼탁해진 언론 시장, 부실한 '재난보도 준칙' 등이 지적되었습니다. 우리 사회의 공기公器로서 제 역할을 다하지 못하고 자본의 한 축이 된 언론의 민낯이 드러난 현장이 바로 세월호 참사였다는 진단입니다.

그러나 참사 당일의 잘못된 보도와 행태에 대해 깊이 반성하고,

원인이 무엇인지 자발적으로 찾아 나서는 언론인을 우리는 아직 만나지 못했습니다. 자신들의 과오를 반성해야 할 사람들이 아직 아무것도 하지 않은 것이 사실입니다. 언론의 세월호 참사 보도를 되돌아보는 일이 이제부터 시작인 이유입니다.

2014년 4월 16일 언론의 민낯을 마주 보고 나아갈 길을 모색하기 위해서는 그날 현장에 있었던 증인, 즉 기자들의 참여가 중요합니다. 그들의 손에 들렸던 카메라와 수첩, 휴대폰에 담겨 있을 증거와 진실이 필요합니다. 세월호 참사의 진상이 여전히 규명될 필요가 있다고 생각한다면 3년 전의 증거 찾기에 언론인들이 나서주기를 기대합니다.

세월호참사
팩트체크

사전속보설부터
선내 진입 오보까지

사전속보설:

오전 7시 20분의 세월호 속보

　　　　　　세월호 참사 다음날부터 인터넷 포털 사이트를 중심으로 언론 보도와 관련해 다양한 의혹이 제기되었습니다. 먼저, 참사 속보가 최초로 보도된 시점이 그동안 알려진 것처럼 YTN의 오전 9시 19분이 아니라 훨씬 이전이라는 주장입니다. 네티즌들은 의혹을 산 방송 화면을 캡처해 올렸고, 관련 글에는 '나도 보았다'는 내용의 댓글이 이어졌습니다.

참사 당일 오전 7시 20분 KBS 2TV '굿모닝 대한민국' 프로그램에 세월호 속보 자막이 나왔으나, 이후 삭제되었다는 것. 한겨레가 2014년 5월 13일 이 의혹에 대해 보도한 기사에 의하면, KBS 담당 피디는 '시간대에 자막이 없었고, 흐리게 처리된 캡처 화면은 방송 화면 비율의 차이'라고 해명했습니다.

의혹: 참사 당일 오전 7시 20분 KBS 2TV '굿모닝 대한민국'에 세월호 관련 자막이 나왔다.

KBS 해명: 오전 7시 20분 자막이 아예 없었고, 자막을 지우지도 않았다.

의혹: 문화일보가 세월호를 보도한 인터넷 기사의 최초 입력 시간이 오전 7시 32분으로 적혔다.

문화일보 해명: 기사 입력 프로그램을 켠 시간과 입력 시간 사이에 차이가 있었다.

의혹: 참사 당일 KBS 중계차는 어떻게 타사보다 1시간 먼저 단원고에 도

착할 수 있었는가.

KBS 해명: 중계차를 수리하기 위해 안산으로 가는 길에 취재 지시를 받았다.

의혹: 연합뉴스가 '오전 7시에서 7시 30분쯤 바다에서 그 배를 보았다'는 진도 어민 주장를 보도했다

연합뉴스: 해명 없음

_사전 속보설 관련 의혹과 해명

KBS의 공식 트위터 계정에 올라온 '오전 7시 20분부터 침몰한 세월호 수중 탐색이 재개됐다'는 글도 논란이 되었습니다. 트위터 글을 캡처한 사진에 작성 시간이 4월 16일 오후 4시 19분으로 되어 있었기 때문입니다. 이는 트위터의 시간 표시 방식상 사용자가 로그인을 하기 전에는 미국 시각이 표시되기 때문에 16시간의 시차가 발생한 것으로 설명이 되었습니다. KBS 트위터 글을 확인한 네티즌이 당시 로그인을 하지 않은 상태였고, 글은 4월 17일 오전 8시 59분에 올라온 것이었습니다. 이 같은 KBS 관련 사전속보설을 보도한 언론사는 한겨레와 진실의길, 미디어오늘이었습니다.[7]

참사 당일 세월호 속보의 인터넷 기사 입력 시간이 오전 7시 32분으로 적힌 문화일보도 오전 7시대 속보설을 뒷받침했습니다. 문화일보 측은 '기사 입력기를 시작한 시간과 실제 기사 저장 시간이

---

7 미디어오늘 2014.5.14. '한겨레 세월호 침몰 루머 팩트 체크… "정부 발표를 검증하라"

달라 발생한 오해'라고 해명했습니다. 기사를 입력하는 기자가 오전 7시 32분에 입력기 화면을 켜놓고 실제 저장은 9시 28분에 했다는 설명입니다.

또 연합뉴스는 참사 당일 오후 4시 8분에 사고 인근 해역에 사는 한 어민을 인터뷰한 내용을 보도했습니다. '사고 선박 아침 8시 전부터 해상에 서 있었다'는 제목의 기사에서 "바다로 미역을 따러 나가는 시간이 아침 6시 30분이니 내가 바다에서 그 배를 본 것이 아마 7시에서 7시 30분쯤이었을 것'이라는 어민의 목격담을 소개했습니다. 어민의 말대로라면 최초 신고 시간과 1시간 이상 차이가 나는 셈입니다. 참사와 관련해 진도 부근 어민들의 다양한 주장이 나왔으나 진술의 신빙성이 구체적으로 확인되지는 않았습니다.

다음으로, 참사 당일 KBS의 현장 취재가 비정상적일만큼 조속했다는 점입니다. 4월 16일 오전 단원고에는 언론사 취재진들이 일찍부터 몰려들었습니다. 그런데 KBS 중계차는 다른 방송사보다 이른 시간인 오전 10시 20분경에 단원고에 도착했습니다. 이와 관련해 유가족들은 '방송사가 사고를 인지해 방송을 준비하고 단원고까지 이동하는 등의 시간을 고려할 때 쉽게 납득이 가지 않는다'며 세월호특조위에 신청 사건으로 조사를 의뢰하기도 했습니다. 역시 구체적인 조사는 진행되지 않았습니다. KBS 관계자는 '당시 중계차 수리를 위해 일찍 안산으로 출발해 현장에 일찍 도착할 수 있었다'고 해명했습니다.

끝으로, YTN 기자가 밝힌 YTN 최초 보도에 얽힌 내막입니다. 사전속보설과는 다른 이야기이지만, 세월호 참사 최초 보도로 알려진 YTN의 오전 9시 19분 자막 보도에 대해 엇갈리는 증언이 나와 주목됩니다. 당시 최초 보도한 YTN 광주지국의 기자는 이후 한국기자협회와의 인터뷰에서, 참사 당일 오전 9시 13분 평소 친분이 있던 '육상경찰 간부'에게서 처음으로 참사 소식을 들었다고 밝혔습니다. "동생, 큰일 났네. 진도에서 500명이 탄 여객선이 조난당해서 침몰하고 있다네." 하지만 2014년 7월 국회 국정조사에서 당시 이성한 경찰청장은 최민희 국회의원이 'YTN은 오전 9시 14분에 경찰 간부로부터 제보를 받았고, 오전 9시 19분에 보도가 나갔고, 경찰청장은 오전 9시 29분에 보고를 받았다'며 의견을 묻는 질문에 '사실일 리가 없다고 생각하지만 사실이라면 문제가 있다고 생각한다'고 답했습니다.

대부분의 의혹처럼 사전속보설 역시 근거가 부족한 것으로 결론지어졌습니다. 특히 한겨레(2014.5.13. '잠수함 충돌? 손가락 골절 시신 발견? '세월호 6가지 루머'와 팩트 확인')와 '네티즌 수사대 자로' 등이 방송사와 관련자들의 해명을 인용해 상황을 정리해주기도 했습니다. 그러나 'KBS 오전 7시 20분 자막' 이외에도 최초 보도인 YTN의 오전 9시 19분보다 이른 시간에 세월호 소식을 접했다는 제보는 지금까지 이어지고 있습니다. 제보 내용 중에는 영수증을 첨부하거나 앞뒤 정황이 비교적 구체적인 진술도 여럿 포함되어 있으므로 진상 규명의 여지를 남겨두는 것이 의미 있다고 하겠습니다.

전원 구조 오보:
취재 없는 보도

　　　　　　세월호 참사 당일인 전원 구조 오보는 MBN 오전 11시 1분경(11시 8분), MBC 11시 1분경, SBS 11시 2분경, YTN 11시 3분경 순서로 보도되었습니다. 2014년 감사원 감사와 국회 국정조사에서 MBN 측은 '10시 55분경 단원고 강당에서 신분이 정확히 확인되지 않은 사람이 마이크를 통해 '학생이 전원 구조되었다'고 말하는 것을 듣고' 보도하게 되었다고 해명했습니다. MBC는 '서울시경 기자실에서 MBN 기자로부터 최초 인지, 단원고에서 현지 취재 중인 기자가 '맞는 것 같다'고 확인 후 보도'했다고 밝혔습니다. 현장 취재를 하지 않은 상태에서 타사 기자의 전언에 의거해 보도했다는 말입니다.

언론사	최초 보도 시각	정정 보도 시각	정정 보도 내용
KBS	11:26:10	11:33, 12:52	사실 보도, 책임 인정 없음
MBC	11:01:26	11:24, 13:42	사실 보도, 책임 인정 없음
SBS	11:02:12	11:19, 13:16	사실 보도, 책임 인정 없음
TV조선	11:06:27	11:31, 13:53	사실 보도, 책임 인정 없음
JTBC	11:07:22 (구조 인원 동시 보도)	13:39	오보 확인
채널A	11:03:17	11:27, 13:38	사실 보도, 책임 인정 없음
MBN	11:01:07, 11:08:08	11:27, 12:17	사실 보도, 책임 인정 없음
YTN	11:03:58(앵커 멘트)	11:34	사실 보도, 책임 인정 없음
뉴스Y	11:06:03(앵커 멘트)	11:50, 13:56	사실 보도, 책임 인정 없음

'전원 구조 오보' 최초 보도 시각과 정정 보도 시각
출처: 국회 국정조사 백서

보다시피 전원 구조 오보는 대다수 방송에서 이어졌습니다. 오보가 나가고 난 뒤 오전 11시 27분대 이후부터는 앵커와 기자들이 '전원 구조가 아닌 것 같다' '해경 상황 보고와 다르다'고 하면서도 희망적인 구조 소식을 오후까지 이어갑니다.

감사원: 참사 당일 오전 11시 이전 단원고 강당에서 한 '신원 미상인 사람'이 전원 구조되었다고 외쳤고, 이후 경기교육청이 전원 구조되었다는 내용의 문자를 전송하면서 확산되었다.

추가 조사: 신원 미상인이 누구인지 추가 조사해야 한다. 또 단원고와 경기교육청이 상황일지에 '전원 구조'라고 적은 경위를 확인해야 한다.

국회 국정조사: 오전 11시 이전에 KBS 등이 희망 섞인 보도를 했다. MBC는 전원 구조 보도를 정정해야 한다는 지역방송의 전언을 무시했다. 그후 해경과 경찰 등이 엉터리로 상황을 전파했다.

추가 조사: 오전 11시 이전의 KBS 보도는 대부분 연합뉴스를 출처로 한다.

경찰청 자체 조사(광주지방검찰청에 보고서 제출): 경찰의 오전 10시 57분 무전은 KBS '전원 구조' 보도를 확인하는 수준의 내용이었다. 경찰은 전원 구조 오보와 관련 없다.

추가 조사: KBS는 오전 11시 이전에는 '전원 구조'라는 보도를 하지 않았다. 경찰은 10시 27분에 '2학년 1반 전원 구조', 10시 57분에 'KBS 뉴스 학생들 전원 구조'라는 내용의 무전을 한 것에 대해 해명해야 한다.

세월호특조위: 조사한 적이 없다.

추가 조사: 2기 세월호특조위의 주요 조사 대상이 되어야 한다.

_'전원 구조 오보'에 대한 기관별 조사 결과

참사 당일 누구나, 어느 곳에서나 혼란스러웠지만, 세월호 특보를 이어가는 방송국 앵커와 기자들의 멘트가 특히 앞뒤가 맞지 않았습니다.

KBS는 비교적 늦은 시간인 오전 11시 26분에 '단원고 학생 전원 구조' 자막을 내보냈습니다. 그전에 10시 12분 '선내 방송 '침몰 임박… 탑승객 바다로 뛰어내려야''라는 엉뚱한 자막을 내보낸 적이 있고, 10시 40분대부터는 '탑승객 전원 선박 이탈' 자막과 희망적인 멘트를 이어갔습니다.

KBS '전원 구조 오보' 이전
오전 10시 46분의 자막

심지어 10시 38분에는 인터뷰를 위해 해경 항공기 부기장을 연결했습니다. 부기장은 인터뷰에서 '대부분의 인원들은 출동해 있는 함정, 지나가던 상선, 해군 함정[에 의한], 대부분의 사람들이 구조가 된 상황'이라고 현장 상황을 전했습니다. 그러나 앞서 살펴봤듯이 당시 세월호 안에는 397명이 선내에 갇혀 있었고 완전히 전복된 상태였습니다.

오전 10시 14분

실제 상황: 배가 64.4도가량 기울어 침수 진행 중. 79명 구조되고, 397명이 선내에 있음(해경 상황보고서)

보도 내용: '해경 관계자는 침몰 속도가 빠르지 않아서 1, 2시간 안에 모든 인명 구조를 마칠 수 있을 것 같지만, 만일의 사태에 대비하고 있다고 밝혔습니다.'

10시 30분

실제 상황: 배 기울기 108.1도로 전복됨. 모든 갑판과 난간이 물에 잠김. 79명 구조, 397명 선내에 있었음

보도 내용: '중앙재해대책본부는 구조가 신속하고 순조롭게 이뤄지고 있으며 사망 위험성은 비교적 낮은 편으로 낙관.'

10시 38분

보도 내용: '지금 대부분의 인원들은 현재 출동해 있는 함정, 그리고 지나가던 상선, 해군함정 대부분에 사람들이 구조가 된 상황입니다. 지금 현재 수면 아래 사람이 갇혀 있는지 파악하고 있는 중입니다'(해경 항공기 부기장 인터뷰).

10시 7분, 10시 48분, 10시 52분, 10시 56분

보도 내용: 해군, '탑승객 전원 선박 이탈… 구명 장비 투척 구조 중'(자막)

11시

실제 상황: 세월호 선체 침몰. 11시 현재 161명 구조, 315명 선내에 있었음 (해경 상황보고서)

보도 내용: '해경 관계자는 모든 인명 구조를 곧 마칠 수 있을 것 같지만, 만일에 사태에 대비하고 있다고 밝혔습니다.'

_'전원 구조 오보' 이전의 KBS 보도(국회 국정조사 백서)

MBC는 MBN에 이어 두 번째로 전원 구조 오보를 냈습니다. 국정조사 자료에 의하면 오전 11시 1분 26초에 전원 구조 오보를 내고, 11시 24분, 낮 12시 52분에 정정 보도를 낸 것으로 확인됩니다.

세월호특조위는 3차 청문회에서, 목포MBC 기자가 세월호 참사 당일 가장 먼저 현장에 도착해 '전원 구조가 아닐 수 있다'는 전언을 본사에 전달했는데도 이것이 묵살된 사연을 지적했습니다. 11시 이전에 현장에 도착한 기자는 심상치 않은 상황을 목포MBC 취재부장과 보도국장에게 보고했고, 목포MBC 취재부장은 '현장 취재기자에게 들어보니 전원 구조가 아닐 수 있답니다. 이게 끝이 아니라 시작일 수 있습니다'라고 본사에 보고했습니다. 보도국장까지 '사태가 예상 외로 심각할 수 있으니 참고하십시오'라고 재차 사실 확인을 촉구했습니다. 그러나 목포MBC의 이러한 보고를 MBC 본사는 묵살합니다. 그리고 11시 24분 '해경, 단원고 학생 325명 전원 구조', 11시 34분 '여객선 완전 침몰… 승객 전원 탈출한 듯', 11시 38분 '해경 단원고 학생 325명 전원 구조', 11시 46분 '여객선 완전 침몰… 승객 전원 탈출한 듯' 자막을 연이어 내보냈습니다. 앵커와 기자들도 낮 12시가 넘어서까지 '대부분의 승객과 선원은 구조가 된 현재 상황'이라고 전했습니다.

그렇게 현장에서 애타게 LTE 생방송 연결을 준비하며 사실 확인을 요청했던 자사 기자의 전언을 무시했던 MBC. 고작 전원 구조 오보의 출처로 한 종합편성채널 기자의 보고를 들은 것이라고 설명하고 있습니다. 심지어 목포MBC 기자의 전언을 무시하며 황당한 보도를 이어갔던 당시 본사 전국부장은 "세월호 참사 당시 지방에서 발생하는 사건 사고를 보도하는 부서인 전국부의 부장을 맡고 있었던 본인은 관련 보도 전반을 총괄해 이성적이고 차분한 보도를 했다고 생각합니다. 물론 유례 없는 참사에 특보 체제가 가동되어 혼란스런 상황이라 신의 영역인 100퍼센트 정확한 보도는 할수는 없었어도, 과도하게 감성적인 보도에 치중해 국민과 유가족의 슬픔을 극대화하는 방향은 피했습니다"라고 자평했습니다. 사과는커녕 최소한의 반성도 하지 않는 모습입니다.

그 후 MBC는 국회 국정조사는 물론 세월호특조위의 관련 조사에도 응하지 않고 동행명령장까지 거부했습니다.

구조 인원 부풀리기
오보

'잠수부 555명으로 증원… 선체 내 확인 총력'

_연합뉴스 2014년 4월 17일

'해경과 해군은 550명이 넘는 합동 잠수팀을 꾸려 밤새 여러 차례 선체에 진입을 시도'

_SBS 2014년 4월 17일

이러한 보도는 사실이 아닙니다. 당시 현장을 찾은 가족들은 4월 16일 밤부터 현장을 오가며, 제대로 된 구조가 이루어지지 않는다며 울분을 토로하고 있었습니다. 하지만 언론은 초기부터 '총력 동원' '가동 가능 세력 모두 동원' 등 현장과 동떨어진 보도를 이어갔습니다. 이것은 물론 해경 본청, 서해청(서해지방해양경찰청), 목포서가 서로 다르게 내는 상황보고서와 범정부사고대책본부(범대본)의 엉터리 발표에서 한 원인을 찾을 수 있습니다. 현장에 출동한 함정과 항공기, 구조대원들의 수를 출동 지시나 이동 중 변경 상황 등을 고려하지 않은 채 상황보고서에 기재하고 발표했습니다.

심지어 4월 16일 이후부터 투입된 인원을 모두 포함해 발표한 수가 555명인 것으로 밝혀졌고, 구조에 전혀 참여하지 않은 해군의 함정, 항공기들까지도 모두 동원 수에 포함되었습니다. '군, 고속함 헬기 등 긴급 투입' 같은 자막이 이어지기도 했습니다. 하지만 군의 고속함은 참사 과정 내내 구조 작업에 투입된 적이 없습니다.

당시 기자들은 동원·구조 세력 오보의 원인으로 현장 접근이 어려운 해상 사고라는 사실을 들었습니다. 구조 세력이었던 해경과 해군의 도움 없이는 현장에 접근하기 어려운 상황에서 그들의 발표와 상황보고서에 의지할 수밖에 없었다는 해명입니다.

선내 진입 오보:
사실이 아닌 자극적 보도

"방금 전 발표가 있었지만, (오후) 3시 49분
에 화물칸 문을 열고 잠수부들이 들어가 진입을 했다, 이런 내용이 확인
이 됐고요. (…) 실제로 해군과 민간 잠수부가 선체 안에서 엉켜 있는 시
신을 수습하고 있다, 이런 이야기가 계속 들려오고 있습니다."

2014년 4월 18일 오후 4시경의 이 KBS 보도도 물론 사실이 아닙
니다. 범정부사고대책본부 브리핑과 해경 잠수기록지 등을 통해
공식 발표되어 확인된 '시신 수습과 선내 진입 성공' 시각은 4월 19
일 오후 11시경입니다. 4월 19일 최초 잠수해 선실 안의 희생자를
목격한 잠수부는 '선체 밖에서 시신을 목격하기 어려운 상황'이었
다고 설명했습니다. 이 KBS 보도에 대해 방송통신심의위원회는
'공식적으로 확인되지 않은 불명확한 정보'라며 주의 징계를 내렸
습니다.

선내 진입 오보는 참사 첫날부터 있었습니다. 4월 16일 저녁 7시
경 KBS와 연합뉴스가 '구조 요원, 선실 3곳 진입 성공, 실종자 발견
못 해… 물이 차 있고 공기가 없다'고 보도했습니다.

4월 18일에는 안전행정부 김석진 대변인의 오전 브리핑을 근거
로 오전 11시경 YTN 등 여러 언론사가 '10시 5분 식당 내부 진입
성공' 보도를 내보냅니다. 그런데 당일 안전행정부 대변인 발표는

11시 17분이었습니다. YTN 보도는 이보다 앞선 11시 3분. YTN은 2014년 6월 감사원에 제출한 답변서에서 '2014.4.18.10시경 김수현 서해청장이 팽목항에서 가족들에게 구조 상황을 설명하는 과정에 '식당칸 진입에 성공했다'고 설명했다'고 주장했습니다. 하지만 김수현 청장은 감사원 답변서에서 그렇게 설명한 적이 없다고 답했습니다. 김수현 청장과 YTN 기자 중 누가 진실을 말하고 있는지 알 수 없지만, YTN이 속보를 위해 경솔히 보도하는 행태를 보인 것은 분명합니다.

당시 많은 언론 보도가 그랬듯이 선내 진입 오보 역시 보도와 해명이 앞뒤가 전혀 맞지 않습니다. 진상을 알기 위해선 구조 세력이 선내에 실제로 언제 진입했는지, 목적이 무엇이었는지를 밝히는 것이 먼저일 것입니다.

4월 16일 저녁 7시

KBS, 연합뉴스 등: '구조 요원, 선실 3곳 진입 성공. 실종자 발견 못 해. 물이 차 있고 공기가 없다'

팩트 체크: 4월 16일 저녁 6시 28분 해경 잠수사 2명이 수중 25미터까지 하잠줄을 설치하고, 현창 3개를 통해 선내에 해수가 유입되었는지 확인했다.

4월 18일 오전 11시 3분

YTN 최초 보도: '10시 5분 식당 내부 진입 성공'

팩트 체크: 안전행정부 대변인이 11시 17분 '10시 05분 식당칸 진입 성공'이라 발표했다. 그러자 오후에 범대본 최상환 과장이 '사실 아니다'고 정정했다(감사원의 해경에 대한 지적 사항).

4월 18일 오후 4시

KBS: '구조 당국, 선내 엉켜 있는 시신 다수 확인'

팩트 체크: 4월 18일 오후 3시 28분경 세월호 4층 화물칸의 출입문을 열었고, 4월 19일 오후 11시경 선체 내부에 진입해 시신을 수습했다(방송통신심의위원회가 KBS에 주의 징계 내림).

_선내 진입 오보 현황과 팩트 체크

'유병언 책임론'으로
국면 전환하다

"매일매일 티타임을 갖는 경우는 처음 겪었
다. 검찰들이 기소 시점에 총괄 브리핑을 하는 경우도 있지만 당시처럼
수사 과정 매 순간마다 브리핑을 한 적은 없다. 티타임 내용은 비교적
상세한 수사 상황 전달이었고, 기자들이 문제 제기를 한 적도 있었다.
수사 기밀을 이렇게 말해줘도 되냐고 물어봤지만 '관심이 집중된 사안
이기 때문'이라고 대답했다. 당시 취재하던 기자들은 유병언 일가 수사
가 '돼지머리 수사'라는 사실을 다 알고 있었다."

_세월호특조위 3차 청문회, 당시 인천지방검찰청 출입 기자의 발언

세월호 참사 직후 당시 김진태 검찰총장은 대검찰청 검사장 회
의에서 '이런 사건에는 돼지머리 수사가 필요하다'는 말을 했습니

다. '돼지머리 수사'란 희생양 찾기 수사, 그러니까 제사상에 돼지머리를 올리듯 유병언을 정치적 제물로 삼아 세월호 참사로 일어난 국민적 분노를 잠재우려는 수사를 말합니다. 2014년 4월 20일 인천지방검찰청에 유병언 관련 비리를 수사하기 위해 특별수사팀이 꾸려졌습니다. 수사팀은 공보검사의 진두지휘 아래 2개월가량 동안 거의 매일 티타임 브리핑(비공식 언론 브리핑)을 가졌습니다. 당시 브리핑에 참석했던 기자들이 모두 '이 정도까지 해도 되나' 할 정도로 내용이 상세했습니다.

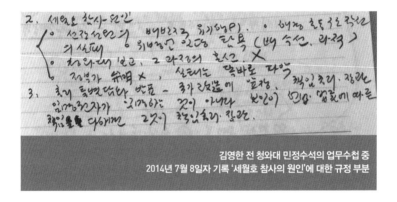

김영한 전 청와대 민정수석의 업무수첩 중
2014년 7월 8일자 기록 '세월호 참사의 원인'에 대한 규정 부분

세월호특조위는 2016년 9월 3차 청문회에서, 검찰이 언론 통제를 위한 한 방편으로 언론의 이슈를 유병언 쪽으로 전환하려 했다는 의혹을 제기했습니다. 그러면서 대검찰청과 법무부가 인천지방검찰청을 통해 '세월호에 대한 책임을 유병언으로 돌리고 언론의

관심사까지 전환하려 했다'는 사실을 티타임 보고서 일정과 보도의 연관성에 기초해 설명했습니다. 당시 인천지방검찰청이 브리핑하는 내용이 실시간으로 언론에 보도되었고, 실제 세월호 참사 보도의 방향이 급선회했음을 확인할 수 있었습니다.

2014년 10월 대검찰청에 대한 국정감사에서 공개된 '대통령 및 총리의 지시 사항' 문건을 보면 이러한 이슈 전환 시도에 청와대가 연관되어 있다는 것을 알 수 있습니다.

'세월호 참사의 근본 원인인 유병언 일가가 국민 앞에 반성하고⋯ 반드시 사법 당국에서는 이들 부자를 신속히 검거하여⋯'

_2014년 5월 27일

'세월호 관련 법안 후속 조치 및 유병언 검거 총력'

_2014년 6월 10일

'유병언 수사 관련 조치 사항⋯ 이 사건에 책임질 사람은 반드시 그 책임을 지도록⋯'

_2014년 8월 5일

'유병언 측근 수사 등 관련⋯ 세월호의 오래된 실타래를 풀고 다시는 그런 기업이 횡행하는 일이 없게'

_2014년 9월 21일

이 문건의 내용은 최근 공개된 김영한 전 청와대 민정수석의 업무수첩에서도 확인됩니다. 업무수첩 2014년 8월 5일 기록에는 '령 (대통령을 가리키는 약어로 보임)' 자 뒤에 '유병언 수사—비호 세력, 유병언 차남(유혁기)—범죄인 인도 검경의 협력'이라는 내용이 적혀 있습니다. 9월 16일을 전후해서는 '김혜경'이[8] 수차례 언급됩니다.

> '김혜경—조속 귀국—진실 규명—기회 법무, 검찰 김혜경 귀국시의 쟁점, 은닉 재산 추가 발굴 가능성, 진상 규명(?)에 도움 되는 건 무엇인 지? 악재로 전화할 가능성? 인천지검 판단. 남은 진상과 김혜경'
>
> _김영한 업무수첩 2014년 9월 16일

이러한 내용들은 대부분 인천지방검찰청 티타임 보고서에 반영 되고 언론에서 집중적으로 다루어지게 됩니다. 구원파와 유병언, 시 신 발견 같은 선정적 주제를 내세워 사실상 검찰과 청와대가 언론의 이슈를 좌지우지한 셈입니다. 그사이 세월호에 대한 진중한 접근과 진실 보도는 국민의 관심사에서 사라질 수밖에 없었습니다.

---

8 유병언의 측근이자 차명 자금 관리인으로 알려진 전 한국제약 대표. 미국에서 강제 추방되었다가 2014년 10월 7일 한국에서 체포되었다.

세월호참사
팩트체크

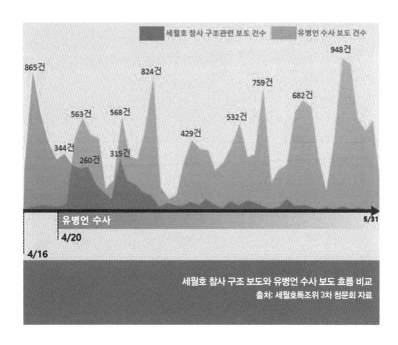

세월호 참사 구조 보도와 유병언 수사 보도 흐름 비교
출처: 세월호특조위 3차 청문회 자료

2014년 4월 16일부터 그해 연말까지 유병언 관련 보도는 8만 6000여 건이 넘습니다. 그중 다수의 보도가 선정적이거나 사실을 왜곡하는 보도였습니다. 구원파는 언론중재위원회에 1만 6000여 건의 보도를 상대로 조정 신청을 냈고, 그중 300여 건이 받아들여져 해당 보도에 대한 정정 보도가 게재되었습니다.

인천지검 티타임 브리핑: 5월 27일, 28일, 29일 검거 관련 내용 집중 브리핑

대통령·국무총리 지시 사항: '세월호 참사의 근본 원인인 유병언 일가가 국민 앞에 반성하고… 반드시 사법 당국에서는 이들 부자를 신속히 검거하

여…'(2014.5.27.)

세월호 관련 법안 후속 조치 및 유병언 검거 총력'(2014.6.10.)

인천지검 브리핑: 유병언 측근, 김혜경, 김엄마 등 관련자들에 대한 집중 브리핑

대통령·국무총리 지시 사항: '유병언 수사 관련 조치 사항… 이 사건에 책임질 사람은 반드시 그 책임을 지도록…'(2014.8.5.)

김영한 업무수첩: '령 유병언 수사—비호 세력, 유병언 차남(유혁기)—범죄인 인도 검경의 협력'(2014.8.5.)

인천지검 브리핑: 김혜경 관련 재산 현황, 향후 수사 상황, 정관계 로비 의혹 브리핑(2014.10.10.)

대통령·국무총리 지시 사항: '유병언 측근 수사 등 관련… 세월호의 오래된 실타래를 풀고 다시는 그런 기업이 횡행하는 일이 없게'(2014.9.21.)

김영한 업무수첩: '김혜경—조속 귀국—진실 규명—기회 법무, 검찰 김혜경 귀국시의 쟁점, 은닉 재산 추가 발굴 가능성, 진상 규명(?)에 도움 되는 건 무엇인지? 악재로 전화할 가능성? 인천지검 판단. 남은 진상과 김혜경'(2014.9.16.)

_유병언 수사 관련 인천지방검찰청 티타임 브리핑과 대통령 지시 문건,
김영한 업무수첩 사이의 연관성

항의 소리는
사라지고
박수 소리만 들렸다

2014년 4월 17일 박근혜 대통령이 진도체육관을 찾았을 당시 현장에서는 유가족들의 거센 항의가 이어졌습니다. 자식을 잃고 시신조차 찾지 못한 부모의 분노는 당연한 것이었습니다. 그러나 실제 보도에서는 항의 소리는 사라지고 박수 소리가 들립니다.

이러한 조작에 대해 담당 기자들은 청와대나 대통령을 촬영하고 취재하는 경우 출입기자단이 전담하게 되는데, 이때 사용하는 마이크가 최대한 대통령에게 집중해 주변의 소음을 제거하도록 세팅되어 있어서, 대통령 주변에 있던 유가족, 시민들의 항의를 의도적으로 빼기보다는 성능 좋은 마이크를 통해 자동 제어되었을 것이라고 해명했습니다. 혹시 대통령의 '말씀' 말고 나머지 모두는 '소음'이라고 생각했던 것이 아니냐는 의문이 드는 대목입니다.

민주언론시민연합은 2015년 1월 '이달의 나쁜 방송보도'로 세월호 유가족이 '단원고생 대입 특례'를 요구했다고 왜곡 보도한 MBC의 '단원고 2학년 대입 특례 합의' 보도를 선정했습니다.

물론 이것도 사실이 아닙니다. 특례 입학에 대한 보도는 잠시 중단되었다가 대입 수시 일정이 시작되던 2015년 9월 다시 등장했습니다. 서울대, 연세대, 고려대 등 주요 대학들이 '단원고 특별전형'을 하고 학생 몇 명이 특별전형으로 원서를 제출했다는 기사가 보도되자 댓글이 이어집니다. 조선일보는 교육 섹션인 에듀조선에서 전체 수시 일정을 알리는 한편으로 지속적으로 단원고 특별전형을 언급했습니다.

언론이 특정 사실을 부각하고, 정치인이나 유명 논객이 이와 관련해 과격 발언을 터트리면, SNS와 일간베스트 등 특정 사이트에서 재가공해 유포하는 과정이 단원고 특별전형 이슈화에도 고스란히 적용되었습니다. 단원고 특별전형 보도는 서울대 '스누라이프'와 일간베스트 같은 온라인 커뮤니티에서 관련 내용을 퍼 날랐고, 이후 찬반 댓글이 이어졌습니다.

'아이고 배야' '진짜 단원고 회의감 든다' 같은 반감의 댓글은 찬반 논란으로 이어졌고, 세월호 유가족과 학생에 대한 불만이 재점화 되었습니다. 특별전형으로 입학한 학생들을 구별해내야 한다는 식의 협박, 인신 공격성 글까지 나오면서 단원고 특별전형 논란은 세월호 생존 학생들에게 심각한 '위협'으로 다가왔습니다. 소수의 생존 학생은 이미 여러 통로를 통해 신상과 사진이 공개되고 특별전형의 인원까지 드러났으므로 얼마든지 당사자를 특정할 수 있는 상황입니다.

편파 · 왜곡 보도가
유포되는 패턴

세월호특조위는 문을 열기 시작할 때부터 2016년 9월 30일 강제 종료될 때까지 일부 언론과 보수단체들의 공격을 계속 받았습니다.

'국민 혈세 탕진 세력'

'이들[세월호특조위]의 정신 상태가 세월호를 더 큰 참극으로 만든 것은 아닌지'

'야, 이거 너무하다는 생각이 드는데'

'특조위 직원들은 이미 역대 연봉을 받고 있습니다'

이는 2015년 7월 24일 무렵부터 8월 초까지 조선일보, TV조선, 채널A에 나온 세월호특조위와 관련한 표현들입니다. 조선일보의 경우 7월 17일 '정치 중립 잃은 세월호특조위 해체하는 게 나아'라는 제목의 강도 높은 기사를 내보낸 이후 24일부터 '낭비 논란' '9·11조사위 3~4배' '예산 펑펑' 등 연이어 비판 기사를 냈습니다.

그리고 일부 종합편성채널은 중간에 사퇴한 조대환 전 세월호특조위 부위원장의 경우엔 '위원들은 놀고 일은 밖에다 줘서' 같은 인터뷰 내용을 인용하면서, 이석태 위원장의 기자회견 발언 중에서는 '모든 공무원들이 향유할 수 있는 것을'이라는 표현처럼 오해의 여지가 있는 부분만 편집해 방송했습니다.

2015년 8월 4일 동아일보의 한 논설위원은 채널A프 '박정훈의 뉴스 TOP 10'에 패널로 출연해 '공무원 기준으로 했다고 하는데 요즘 공무원들도 이렇게 다 챙기지 않습니다'라고 말했습니다. 맞춤형 복지나 생일 선물 같은 지원을 다른 공무원들은 받지 않는다는 이야기인데, 이는 사실과 다릅니다. 해당 지원 항목은 공무원 모두에게 해당되는 내용으로, 특정 위원회에서만 챙기는 일은 절차상 가능하지 않습니다.

세월호참사
팩트체크

기획재정부가 낸 '2015년도 예산안 편성 및 기금운용계획안 작성 세부 지침'에 따르면 업무추진비, 특정업무비, 동호회 지원, 맞춤형 복지제도 시행 경비, 소속 직원 생일 기념 소액 경비 등이 명시되어 있습니다. 기획재정부의 지침에 따라 모든 공무원이 적용받는 내용을 주요 신문사 논설위원이 사실을 확인하지 않고 발언한 것으로 보입니다.

초기 예산 논란 보도가 나간 이후 SNS와 온라인 커뮤니티에서는 세월호특조위를 비난하는 댓글과 게시글이 줄을 이었습니다. 이러한 분위기에 편승해 보수 인사와 정치인들의 비난 발언도 계속되었습니다. 새누리당 김재원 국회의원은 세월호특조위가 '여성가족부나 방송통신위원회보다 더 큰 부처'라고 비판하기도 했습니다.

그러면 조선일보는 이러한 지적을 그대로 기사화했습니다. 조선일보가 국회에서의 기간 연장과 특별법 개정 논란, 위원들의 월급 소급 문제를 다시 끌고 나오면서 보도의 '폭발력'이 더욱 커졌습니다. 댓글의 수위도 높아졌습니다. '시체 장사' '세금 도둑' '범죄자'라는 표현과 함께 당시 야당, 좌익, 진보 세력을 싸잡아 공격하는 댓글이 커뮤니티 등에서 이어졌습니다.

여야 의원들이 신문 보도를 '재료' 삼아 거센 논란을 이어갈 때, 새누리당 하태경 의원은 자신이 운영하는 블로그에 '세월호특조위는 세금 도둑인가? 소급 수령한 월급 전액을 자진 반환하라'는 주장의 글을 올리기도 했습니다. 하의원의 글과 관련 보도는 트위터와 카카오톡, 카카오스토리 등을 통해 급속도로 번져나갔습니다. 관련 게재글을 '전파'하라는 메모가 카카오톡을 통해 급속히 돌기도 했습니다. 이번에도 역시 사실 보도, 댓글, 해설 보도와 주요 인사들의 발언, SNS와 커뮤니티의 여론, 해설 보도라는 패턴을 보이며 왜곡 보도가 확산되었습니다.

트위터와 조선일보 기사에 달린 댓글

세월호특조위는 언론 보도와 SNS 사이의 상관관계, 온라인상에서 세월호 참사와 관련한 의도성을 살펴보는 '빅데이터 연구 용역'을 진행했고, 2016년 7월 용역 결과를 발표했습니다.

연구를 통해, SNS와 온라인상의 유가족 폄훼 게시물들이 언론 보도 이후 언급량이 급격히 증가하고, 이것이 다시 그래프나 수치 등이 더해져 언론에 보도되면, 또 한 번 온라인상에서 유포되는 패턴을 확인할 수 있었습니다. 특히 트위터에서는 의도적으로 세월호 관련 왜곡 메시지를 유포, 전파하는 '비정상적 조장·조원 계정'이 발견되었습니다. 하지만 편파·왜곡 보도가 온라인상에서 유포되는 방식과 의도성에 대해서는 깊이 들여다보지 못했습니다. 세월호특조위가 강제 종료되면서 시간이 부족했던 것입니다. 앞으로 온라인상에서 왜곡·편파 메시지를 주도한 세력이 누구였는지 살펴볼 필요가 있습니다.

세월호와 유가족들을 의도적으로 폄하하고 모욕하면서 이슈를 바꾸려던 보이지 않는 손이 누구인지는 알지 못합니다. 그러나 2014년 6월 14일부터 2015년 1월 9일까지 작성된 김영한 전 민정수석의 업무수첩에서 83회나 언급된 '세월호'. 그 메시지들을 보면, 청와대와 대통령비서실이 세월호 진상 규명 노력을 방해하고, 유가족들을 견제해 분리시키며, 청와대 책임론을 차단하기 위해 온 힘을 기울였음을 알 수 있습니다.

업무수첩에서 청와대가 유가족을 대처해야 할 '대상'으로 규정한 뒤 유가족의 주장을 왜곡하고 심지어 사찰까지 한 정황이 드러났습니다. 유민 아빠 김영오 씨가 세월호특별법 제정을 촉구하며 46일 동안 목숨을 건 단식을 이어가던 2014년 8월 23일, 그날의 기록에는 '자살방조죄, 국민적 비난이 가해지도록 언론 지도'라 적혀 있었습니다. 김영오 씨와 관련한 글은 업무수첩에서 3차례에 걸쳐 거론됩니다. 김씨를 사찰하려는 시도가 있었고, 김씨가 '민주노총 금속노조 조합원'이라는 언론 보도가 나갔으며, SNS상에서 '이혼남' '보험금 노리고' 같은 출처가 불분명한 내용이 공유됩니다. 안타깝게도, 국가정보원(국정원)이 세월호 유가족에 대한 악의적 보도와 온라인 유포, 사찰에 어느 선까지 개입했는지에 대해서는 현재까지 아무것도 밝혀내지 못했습니다.

많은 진상 규명 과제와 마찬가지로 왜곡·편파 보도, 세월호 진상 규명의 길을 버리고 이슈 전환을 선택한 언론 상황에 대한 조사가 제대로 이루어지지 못했습니다. 당사자인 언론사의 책임자들이 스스로의 잘못을 인정하지 않기 때문입니다. 아니, 진실을 말하지 않고 있습니다. 이제 진실을 바라는 국민들이 언론의 책임과 진상 규명을 엄중히 물어야 합니다.

세월호 참사 주요 보도와
방송통신심의위원회의 조치 현황

SBS 뉴스특보 2014.4.20. 09:00~11:00

: 세월호 구조 현장의 실시간 화면을 배경으로 해난 구조 전문가와 대담

을 진행하던 중, 구조 현장 인근 섬에서 대기하던 기자가 웃는 모습을 4초간 노출함(심의 결과: 권고)

MBC 이브닝뉴스 2014.4.16. 17:00~18:20

: 세월호가 침몰해 탑승객 다수가 실종되고 구조가 진행 중인 시점에, 사망보험금을 포함한 피해자 보상액과 보험 가입 내역 등을 구체적으로 소개함(권고)

KBS2 굿모닝 대한민국 2부 2014.4.17. 07:00~08:00

: 진도 팽목항에서 한 여성 피디가 현장 상황을 실시간으로 전하던 중, 주변에 있던 한 남성의 과도한 욕설을 30초가량 함께 방송함(권고)

KBS1 뉴스특보 2014.4.18. 16:06~18:55

: 구조 당국이 시신을 추가 발견했다는 소식을 전하면서, '구조 당국이 선내에 엉켜 있는 시신을 다수 발견했다'는 앵커와 기자의 멘트, 자막을 반복해 방송함(주의)

MBC 뉴스특보 2014.4.16. 10:00~12:46

: '안산 단원고 학생 전원이 구조'된 것처럼 보도함(권고)

SBS 뉴스특보 2014.4.16. 10:41~12:00

: '안산 단원고 학생 전원이 구조'된 것처럼 보도함(권고)

KBS1 뉴스특보 2014.4.16. 10:04~11:57

: '안산 단원고 학생 전원이 구조' 된 것처럼 보도함(권고)

MBC 뉴스데스크 2014.5.7. 19:55~20:55

: '조급증에 걸린 우리 사회가 고 이광욱 잠수사를 (죽음으로) 떠민 건 아

닌지 생각해봐야 한다' '실제로 실종자 가족들이 구조 작업이 느리다며 해양수산부 장관과 해양경찰청장 등을 압박했다'는 발언을 했고, 다이빙 벨 투입에 대해 일본에서도 어처구니없다는 반응을 보였다면서 일본의 한 포털 사이트 게시글에 달린 댓글을 사례로 소개함(권고)

KBS1 특집 뉴스9 2014.4.16. 21:00~24:00

: 당일 구조대가 세월호 선내에 진입한 사실이 없음에도 불구하고, '구조 요원들이 선실 3곳에 진입했지만 생존자는 발견하지 못했다'는 내용을 보도함(권고)

KBS1 뉴스9 2014.4.17. 21:00~22:00

: 박대통령이 세월호 실종자 가족들을 방문해 위로했다는 내용은 전하면서도, 방문 당시 유가족이 질타, 항의를 했고, 구조상 문제점을 지적했다는 내용은 누락한 채 보도함(권고)

SBS 뉴스특보 2014.04.17. 10:47~12:50

: 선체에 공기 주입을 시도한 것과 관련해, '군과 해경은 산소 공급 장치를 동원해 사고 선박 안으로 공기를 집어넣는 작업을 진행했습니다'고 보도함(의견 제시)

MBC 뉴스데스크 2014.09.12. 19:55~20:55

: 유가족의 농성을 두고 보수와 진보 간의 싸움v으로 '물타기' 하면서 농성의 의미를 퇴색시키고 의도적으로 매도함. 보도 내용 전반이 농성 중단을 요구하는 보수 단체의 시각에 치우쳐 있어, 관련 심의 규정을 위반한 것으로 판단됨(의견 제시)

5장

세월호와 대통령

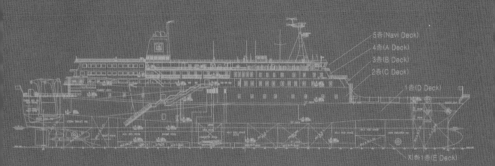

청와대가 제시한
자료로 본
7시간 행적

'대통령의 7시간'에 관한
4개의 자료

대통령의 7시간 또는 세월호 7시간이란 세월호 참사 당일 박근혜 대통령이 청와대 국가안보실의 첫 보고를 받고 세월호 사고에 대해 파악한 오전 10시부터 중앙재난안전대책본부을 방문한 오후 5시 15분까지를 말합니다. 대통령의 7시간과 관련해 청와대에서 제시한 자료는 크게 4개가 있습니다.

첫 번째는 2014년 8월 13일 국회 세월호 국정조사특위 새누리당 간사인 조원진 의원이 "청와대에 4월 16일 세월호 사고와 관련해 대통령은 어디에 있었고, 언제, 어떤 보고를 받았는지 질의한 결과

관련 답변서가 도착했다"며 공개한 자료입니다(조원진 자료).[9]

두 번째는 2014년 10월 28일 국회 운영위원회의 청와대(대통령비서실 · 국가안보실 · 경호실) 국정감사를 앞두고 청와대가 새누리당 김재원 의원에게 제출한 '대통령에 대한 보고 및 대통령의 지시 · 조치 사항'입니다(김재원 자료).[10]

세 번째는 녹색당이 청와대에 세월호 참사 관련 기록의 정보공개를 청구하고 그 후 청와대가 비공개 결정을 내리자 행정소송을 진행하는 과정에서, 청와대가 밝힌 '참사 당일 보고 및 지시 내역'입니다(녹색당 자료).[11]

네 번째는 2016년 11월 19일 대통령의 7시간을 다룬 SBS 프로그램 '그것이 알고싶다'의 1053회 '대통령의 시크릿' 편이 방영되기 몇 시간 전, 청와대가 홈페이지에 올린 '오보 괴담 바로잡기' 중 '세월호 7시간, 대통령은 어디서 뭘 했는가?—이것이 팩트입니다'의 내용입니다(홈페이지 자료).

이를 정리한 표를 이 장의 마지막 페이지에 첨부합니다. 표는 자료를 시간대별로 정리한 것입니다. 조원진 자료, 김재원 자료, 홈페이지 자료는 각각 발표 날짜가 확정되기 때문에 시간적 선후관계가 분명해 청와대의 입장이 어떻게 변해왔는지 확인할 수 있습니

---

9 중앙일보 2014.8.14. '박대통령, 세월호 당일 청와대서 21회 보고 받아'

10 프레시안 2014.10.28. '김기춘 '대통령, 일어나면 출근 주무시면 퇴근''

11 녹색당 2015.8.20. 보도자료 '조선시대만도 못한 청와대, 대통령 보고, 지시 기록은 반드시 남겨야 한다'

다. 녹색당 자료는 2015년 8월 20일에 공개되었지만 재판 과정에서 정확히 언제 청와대에서 제공받았는지는 확인되지 않았기 때문에 참고적으로 활용하고자 합니다.

이제부터는 청와대가 제시한 자료를 통해 확인되는 것 몇 가지를 이야기해보려 합니다. 그런데 무엇보다 먼저 지적해야 할 것은 보고 및 조치 사항 전체에 대해 근거가 제시된 적이 없다는 점입니다. 서면보고는 '내용'은 고사하고 '목록'조차 공개된 적이 없으며, 구두보고의 경우에는 '자료가 존재하지 않는다'는 것이 청와대의 입장이었습니다. 통화의 경우 탄핵 심판 과정에서 청와대 측에서는 낮 12시 50분경 고용복지수석과 통화한 기록이 있다고 하면서도, 국가안보실장이나 해양경찰청장과의 통화는 통화 기록을 제출하지 않았을 뿐 아니라 통화 기록이 있다는 주장도 하지 않았습니다. 아무튼 그렇게 많은 보고와 지시가 있었다는 '주장'만 있을 뿐 '근거'는 전혀 없는 것입니다.

백번 양보해서 청와대가 제시한 자료에 기초해 파악한 대통령의 행적을 사실이라 믿는다 하더라도, 그 행적에는 무수히 많은 문제가 남습니다.

최초 서면 보고
2014년 4월 16일 오전 10시

청와대 대통령비서실과 국가안보실은 세월호 참사를 오전 9시 19분에 YTN 방송을 보고 최초 인지했다는 것이 공식 입장이었습니다.(국정원과 안전행정부 중앙안전상황실 역시 9시 19분 YTN 보도를 보고 사고를 최초 인지했다고 주장했다. 한 해 수조 원의 예산을 사용하는 국가 정보기관도 TV를 보고 사고를 인지하고, 원래 행정안전부라는 이름에서 안전을 중시하겠다는 이유로 박근혜 정권 들어 이름을 바꾼 안전행정부인데 그런 곳의 중앙안전상황실도 TV를 보고 사고를 인지했다는 주장이다. 이 역시 그대로 믿기는 힘든 주장이다. 그런데 앞서 밝혔듯이, YTN이 9시 19분에 최초 보도를 하게 된 경위 역시 석연치 않다. YTN 광주지국의 기자가 사고 당일 9시 14분에 평소 친분이 있던 경찰 간부와 안부 전화를 하다가 그에게서 세월호 참사 소식을 들었고, 다시 해경 간부에게 전화해 내용을 확인한 뒤 자막 보도를 하게 된 것이라고 한다. 정작 경찰의 최고 수장인 경찰청장은 9시 29분에 사고를 인지하게 되는데, 그렇다면 YTN에 정보를 제공한 경찰 간부는 경찰 지휘부에 보고하기 전에 먼저 언론에 정보를 흘린 것이 된다. 경찰 간부가 '500명이 탄 여객선'에 문제가 생겼다는 국가적 차원의 중대사를 지휘부보다 언론에 먼저 이야기했다는 것인데, 이는 좀 더 확인이 필요한 문제일 것이다.)

최초 인지 주장 역시 믿기 힘든 것이지만 백번 양보해 이를 믿는다 하더라도 그로부터 41분이 지난 10시에 대통령에게 최초 보고했다는 것은 더더욱 믿기 힘든 일입니다. 8시 52분 단원고 학생이

119에 최초로 신고한 시각부터 치면 무려 1시간 8분이 지난 뒤에 대통령이 사고를 최초 인지했다는 것이 됩니다.

또 9시 24분이면 청와대 국가안보실에서 문자메시지로 청와대 내부 직원들에게 상황을 전파합니다. 9시 24분에 청와대 전 직원이 알고 있는 사실을 대통령에게는 그로부터 36분 뒤에 처음 보고했다는 것이 됩니다.

그리고 행정부 각 기관은 대통령에게 참사 사실이 보고도 안 된 상태에서 구조본부를 꾸렸습니다.

9시 10분 해경 중앙구조본부 설치

9시 35분 국방부 재난대책본부 개소, 탐색구조본부 운영

9시 40분 중앙사고수습본부(중수본, 본부장: 해양수산부 장관) 구성 및 가동

9시 45분 중앙재난안전대책본부(중대본, 본부장: 안전행정부 장관) 설치 및 가동

이처럼 정부에서 밝힌 자료에 따르면, 대통령에게 세월호 침몰 사실이 보고되기 전 이미 구조본부가 꾸려지고 있었습니다. 즉 대통령이 세월호 참사가 발생한 것 자체를 모르고 있는 동안 해경의 중앙구조본부, 국방부의 재난대책본부·탐색구조본부, 해양수산부 중심의 중수본, 안전행정부 중심의 중대본 등이 설치되어 활동

을 시작했다는 것입니다.(안전행정부 장관은 9시 25분 사건 보고를 받고도 경찰간부후보생 졸업식에 참석하기 위해 경찰교육원을 향해 아산행을 강행했다. 10시에 시작된 졸업식이 10시 37분 종료되고, 이후 오후 1시 10분에 이르러서야 서해청에 도착해 사고 상황을 제대로 보고받게 된다. 이렇게 봤을 때 본부장이 부재한 상태에서 중대본을 설치하고 가동한 것이 어떠한 의미를 갖는지 의문을 갖게 된다.)

국가안보실 제1차장 김규현은 2014년 7월 10일 국회 세월호 국정조사 기관보고에서, 대통령에게 보고가 늦어진 것은 사고가 났다고만 보고를 해서는 안 되고 상황을 파악해서 보고해야 했기 때문이라고 해명했습니다.

그러나 이 해명은 9시 30분에 해경 본청 상황실에서 청와대를 포함한 여러 기관에 발송한 상황보고서 1보를 보더라도 납득하기 어렵습니다.

상 황 보 고 서

※ 일 반 관 리　　　　　　　　　No : 해양경찰청-2014-04-0066

수　신	전파처 참조		발송일시	2014.04.16.(수) 09:30
발신처	해양경찰청	접수일자		접수자
제　목	목포, 침몰선박(여객선) 발생 보고(통보)			(　1　)보

접수경로 : 신고자(08:55) → 목포해경서

1. 일시 및 장소
  - 14. 4. 26. 08:58 전남 진도군 조도면 병풍도 북방 1.8해리
    (Fix 34-11N, 125-56E)
2. 선박제원
  - SEWOL호(여객선, 6,647톤, 승선원450명 승무원24명,
인천→제주)
  ※ 청해진해운 : 인천 중구 항동7가 인천항연안여객터미널
3. 신고내용
  - 인천에서 제주로 항해중인 세월호가 침수중 침몰위험이
있다고 신고한 사항임
4. 조치사항
  - 목포, 완도 해경서 경비함정 긴급 이동지시
  - 수색 항공기 이동지시 및 인근함해선박, 해군함정 협조요청.
5. 상세사항 추후 보고 예정
6. 각 수신처장은 구조협조 바랍니다. 끝.

전　파　처

대　　　내
청　　　장
차　　　장
대　변　인
경비안전국장
경　비　과　장
수색구조과장
해상안전과장
수　사　과　장
형　사　과　장
정　보　과　장
항　공　과
대　　　회
청해진사회방재관리...
...인천해양경찰서...
해수부 종합상황실
안행부 중앙안전상황실
합참지휘통제실
공군지휘통제실
수협 여객선안전국
국정원 상황실
해군작전사령부
BH경호상황센터
해수부차관재해대...
S F C 연구소
중앙해양심판원
경찰청 상황실
소방방재청 상황실
청와대위기관리센터
중앙재난안전대책...

참사 당일
해경 본청이 낸
상황보고서 1보
출처: 국정조사
정진후의원실

　상황보고서를 보면 무려 474명이 탑승한 여객선이 '침수 중 침몰
위험이 있다고 신고'가 된 상황임을 알 수 있습니다. 이처럼 중대한
사안에 대해서는 아무리 늦어도 상황보고서 1보를 수신했을 때는
대통령에게 보고를 했어야 하는 것입니다.

　이와 같은 무리한 해명을 반복한 청와대의 태도는 대통령의 사
고 인지 시점을 최대한 늦추어서 어떻게든 책임에서 벗어나려 한
것이 아니냐는 의심을 사기에 충분합니다.

서면보고의
의문점

        그리고 서면보고가 과연 있었는지 없었는지, 당시 서면보고의 내용이 무엇이었는지 모두 의심스러운 상황입니다. 당시 대통령이 머무는 곳을 모르는 상황에서 청와대 참모들이 어떻게 서면보고를 했다는 것인지 이해할 수 없습니다.

박영선 위원 : 김기춘 비서실장님, '대통령께 세월호 참사가 있던 날 서면보고로 10시에 했다'라는 답변이 있었지요?

김기춘 대통령비서실장: 예.

박영선: 지금 이것이 문제가 되고 있는데요. 이때 대통령께서는 어디에 계셨습니까?

김기춘 : 그것은 제가 정확하게 알지 못하고 국가안보실에서 1보를 보고를 드린 것으로 알고 있습니다.

박영선: 그러니까 대통령께서 어디에 계셨는데 서면보고를 합니까?

김기춘: 대통령께 서면보고하는 경우는 많이 있습니다.

(…)

박영선: 그럼, 대통령께서 집무실에 계셨습니까?

김기춘: 그 위치에 대해서는 제가 알지 못합니다.

박영선: 비서실장님이 모르시면 누가 아십니까?

김기춘: 비서실장이 일일이 일거수일투족을 다 아는 것은 아닙니다.

박영선: 대통령이 이날 일정이 없었던 것으로 저희가 알고 있는데요. 집무실에 안 계셨다는 얘기지요, 지금?

김기춘: 그렇지 않습니다.

박영선: 그렇지 않은데, 집무실에 계신데 왜 서면보고를 하나요?

김기춘: 집무실도 좀 떨어져 있기 때문에 저희들이 서면으로 많이 올립니다.

박영선: 이 부분은 지금 답변이 명확하지 않습니다, 실장님.

김기춘: 서면으로 많이 올립니다.

_2014년 7월 7일 국회 운영위원회

이용주 위원: 알겠습니다. 다시 물어볼게요. 그날 말고도 대통령한테 서면보고 보낸 적 있지요, 그 전에도?

김장수 증인[참사 당시 국가안보실장]: 많습니다.

이용주: 그러면 그때도 관저하고 집무실 두 군데로 보냈습니까?

김장수: 대통령님이 어디 계신지를 잘 모를 때는 관저하고 집무실하고 같이 보내주고….

이용주: 그렇지요? 제가 물어보고 싶은 것은 그거예요. 틀림없이 공관도 보내고 관저에도 보냈다는 말은 그 당시에 대통령이 집무실에 있는지도, 관저에 있는지도 확인이 안 됐던 게 맞지요?

김장수: 저는 확인을 하지도 않았고, 관저 아니면 거기에 계실 것이라고 추정을 했습니다.

이용주: 아니, 그러니까 보통의 경우는 급한 문제가… 보내면 집무실에 있는 게 확인이 됐으면 집무실에 보냈을 것이고, 관저에 있는 게 확인이 됐으면 관저로 보냈을 것인데 어디에 있는지 확인 자체가 안 됐기 때문에 양쪽 보낸 것 아닙니까?

김장수: 그렇습니다.

이용주: 맞지요?

김장수: 예.

_2016년 12월 14일 최순실 국정조사 3차 청문회

그뿐 아니라 당시에 했다는 서면보고라는 것이 어떤 방식으로 이루어졌는지에 대해서도 관련자들의 진술이 모두 엇갈리고 있습니다.

유은혜 위원: 전달하는 게 팩스일 수도 있고 인편으로 전달할 수도 있고요?

김기춘 대통령비서실장: 팩스일 수도 있고 인편일 수도 있고 그렇습니다.

_2014년 7월 7일 국회 운영위원회

강석훈 대통령비서실 경제수석비서관 겸 정책조정수석비서관 직무대리: 제가 답변드리겠습니다. 먼저 서면보고가 어떻게 됐냐는 질문이 있었습니다, 아까 어느 위원님께서. 저희가 보고받기에는 그때 해경에 파견 담당자가[해경

에서 청와대로 파견 나온] 있었습니다. 청와대 시스템이 담당자가 보고서를 작성하면 그것을, 아시겠지만 수석비서관들이 일종의 확인을 한 다음에 담당자가 내부망 메일로 올리는 시스템이 되어 있습니다. 그 메일로 부속실로 송부했고 부속실에서 받아 보신 것으로 알고 있습니다.

_2016년 12월 5일 최순실 국정조사 기관보고

정유섭 위원: 서면보고는 어떻게 합니까? 아까 말씀한 대로 중령이 가지고 뛰어갑니까, 아니면 팩스로 보냅니까?

김장수 증인: 자전거를 타고 간 경우도 있고 그냥 뛰어가는 경우도 있고 그렇습니다.

(…)

이용주 위원: 서면보고를 관저하고 집무실 두 군데로 보낸 게 맞습니까?

김장수: 제 기억에 그렇습니다.

_2016년 12월 14일 최순실 국정조사 3차 청문회

2014년 7월 7일 김기춘 비서실장은 '팩스 또는 인편'이라고 이야기했고, 2016년 12월 5일 강석훈 경제수석은 '내부망 메일'이라고 이야기했으며, 2016년 12월 14일 김장수 전 국가안보실장은 '자전거 또는 인편'이라고 했습니다. 서면보고가 어떻게 이루어졌는지에 대한 진술조차 일치하지 않는 것입니다.

대통령 최초 지시
오전 10시 15분

    오전 10시에 국가안보실이 대통령에게 최초 보고했다는 것을 믿는다 하더라도 문제는 계속됩니다. 10시에 사고를 보고받은 대통령이 그로부터 15분 뒤에 첫 번째 지시를 내렸고, 그 지시 내용이라는 것이 '단 한 명의 인명 피해도 발생하지 않도록 할 것'과 '여객선 내 객실 등을 철저히 확인해 누락 인원이 없도록 할 것'입니다. 이러한 박근혜 대통령의 지시는 조금만 생각해보면 무의미하고도, 말도 안 되는 지시입니다.

  10시에 최초 보고를 받고 15분 뒤에 내린 지시가 '단 한 명의 인명 피해도 발생하지 않도록 할 것'과 '여객선 내 객실 등을 철저히 확인해 누락 인원이 없도록 할 것'이라는 것인데, 이는 비유하면 전쟁이 났다고 보고를 하니까 15분 뒤에 '이겨라'라고 지시한 것과 다르지 않습니다.

오전 9시 54분 37초경
세월호의 모습
출처: 123정이 채증한 영상

세월호참사
팩트체크

오전 10시경
세월호의 모습
출처: CN-235가 채증한 영상

오전 10시경이면 세월호 좌현은 이미 다 물에 잠긴 상황이고, 세월호가 급속히 침몰하던 시각입니다.(대검찰청의 포렌식 자료에 의하면 세월호는 9시 54분경 65.4도, 10시 7분경 68.9도, 10시 9분경 73.8도, 10시 10분경 77.9도, 그리고 10시 17분경 108.1도의 기울기를 보인 것으로 추정된다. 즉 10시경을 전후해 빠르게 기울면서 침몰했다.) 청와대 측의 주장에 따르면 대통령에게 그냥 사고 났다고만 보고할 수가 없어서 좀 더 정보를 확보한 다음 10시에 보고했다는 것이니까, 적어도 10시 보고는 9시 30분 해경 본청의 상황보고서보다는 좀 더 상세한 정보가 담겨 있었어야 할 것입니다.

그렇다면 현재 세월호가 매우 위험하고 특단의 대책이 필요한 상황인데, 대통령은 10시에 대체 어떤 내용의 보고를 받았기에 '단 한 명의 인명 피해' 운운하면서 하나 마나 한 지시를 했을까요. 따라서 대통령이 10시에 최초 보고를 받았고 10시 15분에 최초 지시를 내렸다고 '주장'만 할 것이 아니라 10시에 보고되었다는 내용이 무엇인지, 그리고 어떠한 판단에서 10시 15분에 그런 지시를 내렸는지 상세히 밝혀야 합니다.

또 이러한 무의미한 지시를 내리는 데 무려 15분의 시간이 걸렸다는 것 역시 납득하기 힘듭니다. 당시 세월호의 상황을 제대로 보고받지 못했거나, 아니면 10시 15분에 대통령이 했다는 지시 자체가 거짓말이거나, 아무튼 10시 15분 지시 역시 모든 측면에서 의심을 받을 수밖에 없는 상황입니다.

정상적인 대통령이었다면 보고를 받은 즉시 바로 회의를 소집하거나 구조 전문가의 의견을 들을 방안을 강구했을 것입니다. 대통령은 결코 구조 전문가가 아닙니다. 대통령이 모든 분야의 전문가일 수 없다는 것은 국민들도 잘 알고 있습니다. 그 대신 대통령은 국가 안의 전문가를 활용할 힘이 있는 것입니다. 하지만 박근혜 대통령은 회의를 소집하지 않았습니다.

대통령의 전화
오전 10시 22분

다음으로 오전 10시 22분의 내역도 눈여겨볼 필요가 있습니다. 청와대가 참사 당일 대통령의 행적에 관해 최초로 제출한 자료인 조원진 자료를 보면, 이 부분은 단순히 '안보실 유선②보고'라고 되어 있었습니다. 그런데 두 달 뒤 제출한 김재원 자료에서는 'VIP, 안보실장에 전화'로 바뀌었습니다. 즉 처음에는 국가안보실에서 전화한 것으로 되어 있지만, 두 달 뒤에는 대통령이 먼저 전화한 것으로 바뀐 것입니다. 만약 10시 22분에 정말 대통령이 먼저 전화를 걸었다면 조원진 자료에서부터 대통령이 전화한 것으로 제시했을 것입니다. 세월호 참사 과정에서 대통령이 적극적으로 대응했다고 내세울 수 있는 사안이기에 당연히 그렇게 했을 것입니다. 하지만 조원진 자료에서 그렇게 제시하지 않았다는 것은 그런 일이 없었기 때문이라고 충분히 생각할 수 있습니다.

이렇게 참사 당일 대통령의 행적에서 통화 송신자가 바뀐 부분은 오후 2시 11분, 2시 57분에도 똑같이 발견됩니다. 대통령이 계속 보고만 받았다고 하기에는 너무 소극적인 것 같아서 가끔씩은 대통령에게서 전화가 온 것처럼 조작한 것이 아닐까 의심되는 부분입니다. 다시 한 번 강조하지만, 청와대는 제출한 보고와 지시 내역 중 그런 전화 통화 자체가 있었다는 근거를 아무것도 제시하지 않았습니다.

해양경찰청장과의 통화
오전 10시 30분

다음으로 오전 10시 30분에 대통령이 직접 해양경찰청장에게 전화를 걸어 '특공대를 투입해서라도 인원 구조에 최선을 다할 것'이라는 지시를 했다고 합니다. 이 주장 역시 다양한 문제를 안고 있습니다.

무엇보다도 대통령과 해양경찰청장이 통화했을 가능성이 극도로 낮습니다. 대통령이 어떻게 해양경찰청장의 전화번호를 알게 되었는지, 누군가가 전화를 대신 걸어준 것인지 아무것도 밝혀진 바가 없기 때문입니다.

김광진 위원: 그러면 10시 30분에 통화를 할 때 그때 배석을 한 담당자는 누가 있습니까? 대통령이 혼자 계시면서 그냥 번호를 눌러서 전화를 하셨습니까?

김규현 국가안보실 제1차장: 제가 이해하기로는 안보실장하고 통화하신 이후에 안보실장이 아마 또 말씀을 드리지 않았나 싶습니다만, 그래서 아마 그 해양경찰청장이 직접 지휘를 하기 때문에 거기에….

김광진: 아니요. 그것은 알고 있고요.

김규현: 대통령께서 직접 전화하신 걸로 알고 있습니다.

김광진: 대통령께서 직접 본인 전화로 그냥 전화를 하신 겁니까?

김규현: 저희는 그 현장에 없었기 때문에 어떻게 전화가 연결됐는지는 제가 말씀드릴 수 없습니다.

(…)

김현 위원: 해양경찰청장한테 직접 전화를 하셨다고요? 전화번호는 어떻게 알았을까요?

김기춘 대통령비서실장: 뭐, 저는 알지 못합니다.

김현 : 그러니까 지금 비서실장님은 청와대 시스템 안에서 소외됐거나 거짓말을 하고 계십니다. 물론 거짓말을 하고 계십니다, 지금.

_2014년 7월 10일 국회 국정조사 기관보고

당시 김석균 해양경찰청장이 국회에 직접 제출한 자료를 보더라도 이 통화가 있었을 가능성은 거의 없습니다.

09:10~10:29

해경청 위기관리회의실에 임장함. 중앙구조본부 구성 회의. 상황 지휘.
해양수산부 장관에게 사고 사실 보고(09:35)

10:29~10:50

관용차로 영종도 헬기장으로 이동. VIP 지시 사항 전국 특공대 구조대
투입 지시 수신(10:30경)

10:50~12:20

인천서 헬기(B-517)를 타고 현장으로 출발, 사고 해역 도착

12:20~12:30

인천서 헬기(B-517)를 타고 사고 해역 확인

12:30~12:45

3009함에서 구조 상황 점검

12:45~14:50

3009함의 고속단정을 타고 사고 현장 수색 지휘

14:50~19:00

3009함에서 수색 지휘

19:00~19:25

인천서 헬기(B-517)를 타고 서해청으로 출발, 도착

19:25~22:20

서해청에서 수색 지휘

22:20~23:30

서해청에서 열린, 국무총리가 주관한 관계 부처 장관회의에 참석

00:25~01:03

인천서 헬기(B-517)를 타고 3009함으로 이동. 도착 이후 수색 지휘

_**사고 당일 해양경찰청장의 분단위별 동선 현황**(새정치민주연합 국정조사특위 활동보고서)

시간표는 김석균 해양경찰청장이 국회 국정조사특위에 제출한 당일 자신의 동선입니다. 오전 10시 30분이면 해양경찰청장이 10시 29분에 해양경찰청 위기관리회의실을 나와 헬기를 타러 관용차로 이동하는 시간입니다.

해양경찰청장이 직접 밝힌 내용을 보면 'VIP 지시 사항 전국 특공대 구조대 투입 지시 수신(10:30경)'으로 되어 있는데, 정확한 표현은 '지시 수신'입니다. 만약 해양경찰청장이 대통령과 통화했다면 통화를 했다고 적시하지 지시 수신이라는 불분명한 표현을 쓰지는 않았을 것입니다.

세월호참사
팩트체크

또 한 가지, 대통령이 해양경찰청장과 통화하던 바로 그 시각에 민경욱 청와대 대변인은 두 사람이 통화를 '했다'는 언론 브리핑을 진행합니다. 다음은 10시 30분에 있었던 언론 브리핑 전문입니다.

박근혜 대통령은 오늘 오전 진도 인근에서 발생한 여객선 침몰 사고와 관련해 김장수 국가안보실장으로부터 즉각적인 보고를 받았습니다.

보고를 받은 박근혜 대통령은 김석균 해양경찰청장에게 전화를 걸어, "동원할 수 있는 모든 인력과 장비, 또 인근의 모든 구조 선박까지 신속하게 총동원해서 구조에 최선을 다하라. 해경특공대도 투입해서 여객선의 선실 구석구석에 남아 있는 사람이 없는지 확인해서 단 한 명의 인명 피해도 발생하지 않도록 하라"고 지시했습니다.

현재 청와대는 김장수 안보실장이 위기관리센터에서 사고와 구조 현황을 파악하는 등 필요한 조치를 취하고 있으며 관련 상황을 즉시 대통령에게 보고하고 있습니다.

_2014년 4월 16일 오전 10시 30분 청와대 대변인 브리핑 전문

10시 30분에 대통령이 해양경찰청장에게 전화를 걸었다고 했는데, 바로 그 시각에 대통령이 해양경찰청장에게 전화를 걸어 이미 지시를 '했다'고 브리핑을 한 것입니다. 대통령이 통화하던 그 시각에 대변인은 대통령이 통화를 했다고 언론 인터뷰를 했습니다. 이런 일이 과연 가능할까요?

대통령의 통화가 실재했는지와는 별개로 당시 있었던 특공대 투입 지시 자체가 타당성이 없습니다. 얼핏 생각하면 특공대를 동원하라는 것은 상당히 적극적인 지시로 들리기도 합니다.

김현미 위원: 그런데 이 상황에서 해경특공대가 적절한 조치였다고 생각하십니까?

김규현 국가안보실 제1차장: 예. 저희는 그렇게 생각합니다.

김현미: 엉터리입니다. 그래서 바로 이렇게 됐습니다.

김규현: 해경특공대가….

김현미: 제가 국정조사 첫날 말씀드렸습니다. 대통령께서 우리나라 해경특공대가 최소한 몇 명인지는 알고 계셔야지요. 아니시면, 이쪽 관련 비서관들 모여서 회의에서 나왔으면 절대 그런 얘기 안 나왔을 겁니다. 해경특공대 7명입니다, 그날 간 게. 그리고 그 관할 지역에 있는 해경특공대 14명이에요. 그것으로 어떻게 500명을 구합니까? 군·경 합동작전을 지시하셔야지요, [해군]3함대가 코앞에 있었는데. 이 해경특공대요, 헬기 없어서 3시간 동안 배 타고 차 타고 가서 도착했고, 3함대에 있는 헬기는 튜브 2개, 조끼 5개 싣고 가서 돌다 왔습니다. 대통령께서 혼자, 혼자 결정하시면 안 됩니다. 모여서 회의하셔야지요, 전문가도 아니시면서.

_2014년 7월 10일 국회 국정조사 기관보고

172 ──────────────────────────────

세월호참사
팩트체크

김현미 의원이 밝힌 대로, 참사 당일 현장에 출동한 해경특공대는 모두 7명이었습니다. 관할 지역에 있는 해경특공대를 다 합쳐봐도 14명에 불과했습니다. 즉 박근혜 대통령은 400여 명을 구하기 위해 특공대 14명을 투입하라는 지시를 한 것입니다.

참사 2년 후에 제출한 대통령 행적 자료

홈페이지 자료에는 앞서 세 번에 걸친 '대통령의 보고 및 지시 내역'에 등장하지 않다가 처음으로 나타난 것들이 있습니다.

오전 9시 53분 외교안보수석실로부터 서면보고(국방 관련), 11시 34분 외교안보수석실로부터 서면보고(인도네시아 대통령 방한 관련), 11시 43분 교육문화수석실로부터 서면보고(자율형 사립고 관련), 오후 3시 42분 외교안보수석실로부터 서면보고(외교안보수석-주한일본대사 오찬 결과)가 그러한 것들입니다.

그전까지 한 번도 이야기하지 않다가 참사가 일어난 지 2년 반이 지난 시점에 처음 등장하는 내역을 곧이곧대로 받아들이기는 어려울 듯합니다. 이에 대해 당시 청와대 측은 기존에는 세월호 관련 내역만 제시했고, 홈페이지 자료에서는 종합적으로 다 제시한 것이라고 변명할지도 모르겠습니다.

하지만 낮 12시 50분에 고용복지수석이 대통령에게 기초연금과 관련해 전화했다는 내용은 세월호와 관련한 내용이 아닌데도 이전에도 제시되었습니다. 물론 이 내역 역시 조원진 자료에는 없다가 김재원 자료에서 등장한 것으로 신뢰성이 매우 떨어지기는 하지만, 아무튼 세월호와 무관한 내역도 이전에 분명히 제시한 적이 있음을 보여줍니다.

그렇게 봤을 때 이전에 한 번도 제시된 적이 없다가 홈페이지 자료에서 최초 등장한 행위들 역시 의심스러울 수밖에 없는 상황입니다.

청와대가 제출한
내역들 간의 상충

청와대 측에서 내놓은 자료들 사이에서 서로 내용이 다른 경우도 있습니다.

중대본 방문을 준비하라는 대통령의 오후 3시 지시에 따라 대통령비서실이 준비를 완료했다고 보고한 시점이 자료마다 차이가 납니다. 김재원 자료에는 준비 완료 보고가 오후 4시 30분에 이루어진 것으로 나오다가, 녹색당 자료에는 4시로 나오고, 다시 홈페이지 자료에는 4시 30분으로 나옵니다.

두 가지가 같고 한 가지가 다른 것으로 봤을 때 녹색당 자료를 작성할 때 청와대 담당자가 실수한 것이라 볼 수도 있습니다. 하지만 대통령의 행적이 국민적 관심사이고, 바로 그 행적에 대한 정보를 공개하라는 행정소송 도중에 청와대에서 재판에 제출한 내역에 실수가 있었다는 점은 쉽게 납득하기 어렵습니다.

잔류자 구조 방안
서면보고 오후 5시 11분

홈페이지 자료의 오후 5시 11분 내역을 보면 대통령이 정무수석실로부터 서면보고를 받았는데, 그 내용이 잔류자 구조 방안이었다고 합니다. '잔류자 구조 방안' 역시 기존의 세 자료에는 보고된 바가 없었습니다. 기존 세 자료에는 대통령비서실에서 대통령에게 보고했다는 사실 자체만 적시되어 있습니다. 그러다가 갑자기 홈페이지 자료에 최초로 등장합니다.

문제는 세월호 전복 이후 정부가 아무런 잔류자 구조 방안도 제시한 적이 없다는 것입니다.(정부에서 세월호에 공기를 주입했다고 발표한 것은 나중에 무의미한 '쇼'였음이 밝혀졌다. 그리고 세월호가 물속으로 가라앉은 이후 현장 세력이 잠수를 해 최초로 선내에 진입한 때는 4월 19일 밤 11시 48분이었다. 16일, 17일, 18일을 다 보내고 19일도 자정이 다 되어 최초로 잠수부가 선내 진입했다는 것 역시 그대로 믿기 힘들다.) 그렇다면 5시 11분에 잔류자 구조 방안이 보고되었다는 것 역시 사후에 인위적으로 만들어낸 것일 뿐 실제로 보고된 적 없는 일일 가능성이 높습니다.

만약 이때 구체적인 잔류자 구조 방안이 제시되고 논의되었다면 오후 5시 15분에 대통령이 중대본에 와서 '구명조끼를 입었다고 하는데 그렇게 발견하기가 힘듭니까'라는 어처구니없는 질문을 하지 않았을 것입니다.

5시 11분에 대통령비서실에서 대통령에게 서면보고를 했다는 것은 또 한 가지 문제에 봉착하게 됩니다. 왜냐하면 5시 15분에 대통령이 중대본을 방문했기 때문입니다. 5시 11분에 서면보고를 받은 대통령이 그로부터 4분 만에 중대본에 나타났다는 것은 아무리 생각해도 납득하기 어렵습니다. 여기서 또 한 번 5시 11분 서면보고의 신뢰성은 훼손됩니다.

잔류자 구조 방안은 세월호가 전복된 이후 상황에서 가장 중요한 문제이기 때문에 5시 11분에 보고되었다는 내용이 무엇이었는가에 관심이 생길 수밖에 없습니다. 앞으로 그 구체적인 내용을 상세히 밝혀야 합니다.

중대본 방문
오후 5시 15분

중대본을 방문한 박근혜 대통령은 "다 그렇

게 구명조끼를, 학생들은 입었다고 하는데 그렇게 발견하기가 힘듭니까, 지금요"라는 터무니없는 말을 했습니다. 이어서 이경옥 안전행정부 제2차관이 대통령에게 "갇혀 있기 때문에 구명조끼가 큰 의미가 없는 것 같습니다. 선체 내부에…"라고 대답하자, 대통령이 그제야 깨달았다는 듯이 "아, 갇혀 있어서요…"라고 말했습니다. 이 대화를 전 국민이 지켜보았습니다.

수백 명의 학생들이 구명조끼를 입었지만 세월호에 갇혀 못 나오고 있다는 사실을 전 국민이 알고 있는 상황에서, 대한민국에서 단 한 사람만 그 사실을 모르는 것처럼 이야기했던 것입니다.

대통령: 수학여행을 가던 학생들과 승객들이 이런 불행한 사고를 당하게 돼서 참으로 참담한 심정입니다.

지금 상황을 보고를 하셨지만 지금 가장 중요한 일은 생존자들을 빨리 구출하는 일이라고 봅니다.

거기에 총력을 다 기울여야 하고, 또 아직도 배에서 빠져나오지 못한 그런 승객이나 학생들을 구조하는 데 단 한 명이라도 하여튼, 뭔가 어디 생존자가 있을 것 같으면 끝까지 포기하지 말고 최선을 다해야 하겠습니다.

그리고 지금 5시가 넘어서 일몰 시간이 가까워오는데 어떻게든지 일몰 전에 생사 확인을 해야 하지 않겠는가 그런 생각입니다.

다 그렇게 구명조끼를, 학생들은 입었다고 하는데 그렇게 발견하기가 힘듭니까, 지금요?

안전행정부 제2차관: 갇혀 있기 때문에 구명조끼가 의미가 크게 없는 것 같습니다.

대통령: (고개를 끄덕이며) 갇혀 있으… 예.

그래서 지금도 다 동원을 하고 있는 걸로 알지만, 중앙재난안전대책본부를 중심으로 동원 가능한 모든 인력을 다 장비 다 동원해가지고 최선을 다해주기를 바랍니다.

그리고 지금 무엇보다도 가장 힘든 분들이 가족들이실텐데 그분들에게 조금이라도 도움이 되는 일이라면 주저하지 말고 모든 편의를 다 제공해드리고 설명도 해드리고, 지금 현장으로 달려가는 분들도 있는 것으로 압니다.

그분들이 현장 가는 데도 뭔가 불편함이 없도록 편의를 최대한 제공하기를 바랍니다.

그런데 처음에 구조 인원 발표된 것하고 나중에 확인된 것하고 차이가 무려 200명이나 있었는데 어떻게 그런 큰 차이가 날 수 있습니까?

제2차관: 해경에서 인원 잡으면서 출발할 때 구조됐다고 하고, 도착하니까 또 구조됐다고 하니까 중복 카운트가 돼서….

대통령: 지금 많은 승객들이 아직 빠져나오지 못한 걸로 알고 있습니다.

그래서 지금 거기에 경찰특공대라든가 구조 인력들이 투입이 되고 있는 것으로 아는데 좀 작업은 어떻게 되고 있습니까?

제2차관: 공중에서 하고 수면에서, 해상에서 하고 있는데, 그리고 선체가 문제이기 때문에 투입을 해서 들어가도록 진입 시도를 하고 있습니다. 그전에는 몇 번 시도했는데 옆에 갔다가 올라오고 올라오고 해서, 이번에는 그런 경험을 바탕으로 40명을 투입을 했는데 안으로 선내로 들어갈 수 있을지 걱정입니다.

대통령: 지금 부상자는 치료를 충분히 받고 있습니까?

제2차관: 부상자는 병원에 5개 병원에 분산시켜서 치료를 하고 있습니다. 화상이나 골절상이기 때문에 응급 조치를 복지부하고 해서 같이 하고 있습니다.

대통령: 지금 가만히 있을 수 없어서 나왔는데 가족들 심정이 오죽하겠습니까?

또 가지 못하는 가족들도 있는데 가지 못하면서 마음이 불안하고 보통 심정이 힘들지 않으실 거라고 생각합니다.

이분들에 대해 어떻게 되어가고 있는지 설명도 드리면서 세심하게 준비를 해주셨으면 합니다.

제2차관: 네. 교육부하고 같이 협의해서 만전을 기하겠습니다.

대통령: 시간이 없거든요, 일몰까지. 어떻게든지 생사 확인하고 최대한 구출을 하고 모든 힘을 다 쏟으시기 바랍니다.

제2차관: 그렇게 최선을 다하겠습니다.

_대통령 중대본 발언 전문[12]

---

12 청와대에서 2014년 4월 16일 유튜브에 올린 영상을 참조한 것이다. 제목은 '[청와대TV] 중앙재난안전대책본부 방문(세월호 침몰 사고 관련 상황 보고)_박근혜 대통령'이다. 일정 부분 편집이 된 상태라 '전문'이라고 표현하기는 힘들지만 아무튼 청와대가 홍보를 위해 올린 영상 전체를 참조했다.

발언의 전후를 다 살펴보아도 의구심은 사라지지 않습니다. 대통령의 발언에서 구체적인 것은 아무것도 발견되지 않기 때문입니다. 4월 16일 오후, 세월호가 선수 일부를 제외하고 대부분 물속으로 들어가고 나서 국민들이 생각했던 것은 '잠수'와 '선체를 붙잡거나 들어 올리는 방법' 정도일 것입니다.

하지만 대통령이 한 말은 '구출하라' '총력을 다하라' '끝까지 포기하지 말고 최선을 다하라' '다 동원하라' 같은 이야기뿐입니다. 구체적인 것은 하나도 없는, 추상도가 높은 이야기만 계속했습니다. 이는 오전 10시 15분에 했다는 '단 한 명의 인명 피해' 수준의 이야기를 오후 5시 15분에 되풀이한 것에 다름 아닙니다. 구체적인 이야기라면, 구조 인원 차이와 부상자 치료에 관해 질문한 것이 전부입니다.

대통령이 당시 상황을 정확히 파악하지 못한 것보다 더 큰 문제는 구체적인 상황 보고와 해결 방안을 요구하지 않은 것입니다.

중대본 방문 이후
대통령의 부작위

청와대에서 제시한 자료에 따르더라도 대통령은 중대본을 방문한 이후 단 한 번도 회의를 주재하거나 지시를 내리지 않았습니다. 대통령비서실에서 서면보고를 3차례 올렸다는 것이 전부입니다. 보통 대통령이라면 이러한 대형 참사의 경우 청와대로 돌아오는 대로 관련 회의를 열고 보고도 받으면서, 당시 상황에서 최선의 대책을 세워 실행하라고 했을 것입니다. 하지만 박근혜 대통령은 그러한 일을 하지 않았습니다.

이렇게 본다면 당시 대통령에게서 세월호의 승객을 구출하겠다는 의사는 전혀 발견되지 않는 것이나 다름없습니다.

참고로 참사 당일에 있었던 회의는 오후 4시 10분 대통령비서실장이 주재해 진행한 수석비서관회의가 유일합니다. 국가 재난 상황에 대통령은 회의 한 번 주재하지 않았던 것입니다.

더 나아가, 4월 16일부터 4월 20일까지 세월호 참사 후 닷새 동안에도 대통령이 주재하는 회의는 없었습니다.

김현 위원: 아니요. 제가 묻는 것은 [4월] 16일부터 20일, 소위 말하는 온 국민이 그야말로 비참함에 빠져 있고, 단 한 명이라도 구조하라는 대통령의 지시가 어떻게 관철됐는지, 그것을 확인하는 대통령 주재 회의가 있었습니까, 16일부터 20일 사이예요? 유민봉 수석님은 준비해주시고요.

김기춘 대통령비서실장: 16일부터 20일 사이에는 대통령 주재 회의는 없었습니다.

김현: 없었습니다. 그렇지요?

김기춘: 예.

김현: 비서실장 주재 회의만 있었을 뿐입니다.

김기춘: 예. 매일같이….

_2014년 7월 10일 국회 국정조사 기관보고

도대체 어떻게 해석해야 할지 난감할 지경입니다. 대통령에게 세월호는 도대체 무엇이었던 것일까요?

세월호참사
팩트체크

대리인단이
헌법재판소에 낸
답변서

박근혜 대통령 탄핵 심판 사건에서 대통령 측 대리인단은 2016년 12월 16일 헌법재판소에 소추 사유를 모두 부인하는 내용을 담은 답변서를 제출했습니다. 그중 세월호와 관련한 부분은 다음과 같습니다. 그리고 답변서 내용 중 몇 곳을 집중적으로 논파해보려 합니다.

(사) 생명권 보장 위반 여부(소위 '세월호 7시간' 문제)

1) 대통령 등 국가기관의 생명권 보호 의무 위반으로 보기 위해서는 보호 의무의 의식적 포기 행위가 있어야 하고, 단순히 직무를 완벽히 수행하지 않았다거나 결과가 기대에 미치지 못했다고 헌법에 규정된 생명보호 의무 위반으로 보기는 어렵습니다.

2) 피청구인[대통령]은 세월호 사고 당시 청와대에서 정상 근무하면서 해경, 안보실 등 유관 기관 등을 통해 피해자 구조를 위해 최선을 다하도록 지시했고, 대규모 인명 피해 정황이 드러나자 신속하게 중앙재난안전대책본부에 나가 현장 지휘를 했는바, 피청구인이 생명권 보호를 위하여 노력했다는 점에 대한 객관적 증거가 충분히 있습니다.

   * 대법원은 형법상 직무유기죄의 해석과 관련하여 직무에 관한 의식적인 방임 내지 포기 등 정당한 이유 없이 직무를 수행하지 않는 경우를 의미하지, 단순한 직무 수행의 태만은 포함하지 아니한다고 판시(1956.10.19. 선고 4289형상244)

3) 세월호 피해자에 대한 구조 책임은 현장에 출동한 해양경찰에 대해서만 인정되었고, 상급자인 목포해양경찰서장, 해양경찰청장 등에 대해서도 법적 책임이 인정되지 않았습니다. 따라서 대통령에게 국가의 무한 책임을 인정하려는 국민적 정서에만 기대어 헌법과 법률의 책임을 문제 삼는 것은 무리한 주장이라고 지적하지 않을 수 없습니다.

4) 사고 당시 국가기관의 대응 체계가 미흡했다고 평가되는 측면이 없지 않지만 헌법재판소는 2004년 노무현 대통령 탄핵 사건에서 대통령의 징책 결정상의 잘못 등 직책 수행의 성실성 여부는 그 자체로 탄핵 소추 사유가 될 수 없다고 판시한 바 있습니다(2004헌나1). 따라서 설령 위와 같은 중대한 재난 사고에 대응한 피청구인의 조치 또는 대응에 일부 미흡한 부분이 있다고 할지라도 위와 같은 사유가 적법

세월호참사
팩트체크

한 탄핵 소추 사유가 될 수 없습니다.

* 탄핵소추안의 논리대로라면, 향후 모든 인명 피해 사건에 대해 대
통령이 생명권을 침해했다는 결론을 초래

'피청구인은 세월호 사고 당시
청와대에서 정상 근무하면서'

앞서 살펴보았듯이 참사 당일 대통령에게
올린 보고와 대통령의 지시 사항은 아무런 근거도 없을 뿐 아니라, 설
령 그 내역을 믿는다 하더라도 무수히 많은 의혹 사항을 안고 있습니
다. 실제 박근혜 대통령의 근무는 오후 5시경부터 확인될 뿐입니다. 5
시경에 그날 처음으로 공식적 자리에 나타난 사람을 정상 근무를 했
다고 보기는 어렵습니다.

이 부분은 박근혜 대통령 탄핵 결정문에서도 날카롭게 지적되었
습니다. 즉 대통령이 오전 9시에 제대로 정상 출근만 했더라면 9시
24분경에는 참사의 발생 사실을 알 수 있었고, 9시 40분경이면 상
황의 심각성을 알 수 있었을 것이라는 점을 밝혔습니다.

(헌법재판소 탄핵 심판 결정문, 2016헌나1: "09:00에 집무실로 출근하여 정
상 근무를 했다면, 위와 같이 청와대 주요 직위자에게 전파된 내용을 보고받
았을 것이므로, 09:24경에는 발생 사실을 알 수 있었다고 봄이 타당하다"(65
쪽), "해양수산부는 09:40경 위기경보 '심각' 단계를 발령했는데, 그 당시 적용

되던 '해양사고(선박) 위기관리 실무매뉴얼'(2013.6.)은 대규모 선박 사고로 인해 국가적 차원의 대응 및 조치가 요구되는 경우 대통령실(위기관리센터) 및 안전행정부와 사전 협의하여 최상위 단계인 '심각' 단계의 위기 경보를 발령하도록 하고 있다. 따라서 국가안보실은 늦어도 09:40경 이전에 상황의 중대성과 심각성을 알았고, 피청구인이 09:00에 집무실에 출근하여 정상 근무를 했다면 피청구인 역시 당일 09:40경에는 상황의 심각성을 알 수 있었다고 봄이 타당하다"(65쪽).)

'대규모 인명 피해 정황이 드러나자
신속하게 중앙재난안전대책본부에 나가 현장 지휘를 했는바'

참사 당일 대통령이 과연 '신속하게' 중대본에 나가 현장 지휘를 했을까요?

해경 본청: 감사합니다. 상황실 김모 주임입니다.

BH[청와대]: 네. 상황반장입니다. 국가대응 상황반장입니다. 지금 거기 배는 뒤집어졌는데 지금 탑승객들은 어디 있습니까?

해경 본청: 탑승객들요?

BH: 네, 네.

해경 본청: 지금 대부분 선실 안에 있는 걸로 파악됩니다.

BH: 네? 언제 뒤집어졌던가?

해경 본청: 지금 선수만 보입니다, 선수만.

BH: 네, 네.

해경 본청: 네.

BH: 아니, 그 지금 해경 헬기 떠 있잖아요?

해경 본청: 떠가지고 구조하고 한 인원을 제외하고는 거의 다 지금 배에 있는 것 같습니다.

BH: 아니, 전화 받으신 분 누구십니까?

해경 본청: 네. 김모 주임입니다.

BH: 네. 저기 그 배는 완전히 전도가 되지 않습니까?

해경 본청: 네.

BH: 거기 있는 [안 들림] 충격이 있었어요. 남은 인원들이? 거기 인원들 혹시 물에 떠 있는 인원들이 있습니까? 그전에.

해경 본청: 네. 전부 학생들이다 보니까 선실에 있어서 못 나온 것 같아요.

BH: 그거 확인 안 됩니까?

해경 본청: 저희가 지금 구조를 백여 명 했는데요.

BH: 아니, 네, 알겠습니다. 구조를 한 거는 맞는데 그러면 주변에 바닷가에 애들이 떠 있을 거 아닙니까? 그거 확인이 안 돼요, 지금?

해경 본청: 아, 지금 보는데 화면을 보고 있거든요. 안 보여요.

BH: 알겠습니다. 조금만 더 확인해주세요.

_2014년 4월 16일 오전 11시 4분경(실제로는 오전 10시 52분경)

이는 해경과 청와대 간 핫라인 오전 10시 52분경의 통화 내용입니다. 청와대가 참사 당일 해경과 교신한 내용 중 공개한 것은 이 청와대-해경 핫라인이 유일합니다. 통화 내용을 보면 10시 52분경 이미 청와대가 대부분의 탑승객들이 선실에 남아 있다는 사실을 파악했음을 알 수 있습니다.

적어도 청와대는 그 시간에 세월호가 많은 탑승객들을 태운 채 침몰했다는 것을 알았던 것입니다. 그러면 대규모 인명 피해가 얼마든지 예상되는데, 대통령은 그로부터 6시간 넘게 지나서야 중대본에 나갔습니다. 이는 결코 '신속하게' 나간 것이라 할 수 없습니다.

그리고 답변서 내용의 큰 줄기로, 직책 수행의 성실성 여부가 탄핵 사유와 무관하다는 주장이 있습니다. 헌법재판소는 2017년 3월 10일 대통령 박근혜에 대한 파면을 선고하면서, 성실한 직책 수행의 의무 같은 추상적 규정을 위반했다고 해서 탄핵 소추를 하기는 어렵다고 밝혔습니다. 그런데 박근혜 대통령이 세월호 참사에 책임을 져야 하는 이유는 참사 당일 '성실하게' 직책을 수행하지 않았기 때문이 아닙니다. 구조를 위해 한 일이 '하나라도 보이지 않기' 때문입니다. 앞서 살펴보았듯이 대통령의 당일 행적은 사실상 아무것도 밝혀진 것이 없고, 설사 청와대 측이 내놓은 행적 자료를 믿는다 하더라도 대통령이 세월호 승객을 적극적으로 구조할 의사가 있었다고 생각되지는 않습니다.

세월호참사
팩트체크

'7시간'의
의미

이제부터는 소위 '7시간'이라는 용어를 사용하는 데서 어떤 효과가 생기는지에 대해 이야기해보고자 합니다. 그 효과를 통해 '7시간'이라는 단어를 둘러싼 일정한 프레임이 무엇인지 살펴볼 필요가 있습니다.

최초 보고 시점을
오전 10시로 전제하는 효과

'7시간'이라는 용어를 사용하는 데서 생기는 첫 번째 효과는 '7시간'의 시작 시점인 청와대의 오전 10시 최초 보고를 명백하고 확고한 것으로 받아들이게 된다는 것입니다. '7시

간'은 오전 10시부터 오후 5시 20분까지를 말하는 것이기 때문에 '7
시간'이라는 용어를 사용하는 순간 청와대가 세월호 사고에 대해 대
통령에게 10시에 최초 보고했다는 사실을 무비판적으로 받아들이게
됩니다.

앞서 보았듯이 10시에 청와대가 대통령에게 최초 서면보고를 했
다는 사실은 여러 측면에서 의심받을 수밖에 없는 상황입니다. '10
시 최초 보고'라는 것은 의심받고 공격되어야 하는 대상이지 결코
명백하고 확고한 것으로 받아들일 수 있는 내용이 아닙니다.

세월호는 10시경을 즈음해 급격히 침몰하기 시작했고 10시 30
분경 선수 일부만을 남기고 물속에 잠기게 됩니다. 여러 면에서 의
심스러운 '10시 최초 보고'를 청와대가 주장하는 데는, 대통령이 최
초 보고받은 시점에서 얼마 지나지 않아 세월호가 침몰해버렸기
때문에 손쓸 시간이 별로 없었다고 변명하고자 하는 의도가 숨어
있습니다. 대통령의 최초 인지 시점을 최대한 늦추어 놓았다는 의
심을 가질 수밖에 없습니다.

**'오전 10시 이전'에 대한
망각**

'7시간'이라는 용어를 사용하는 데서 생기
는 두 번째 효과는 우리의 관심이 참사 당일 오전 10시 이후로 옮겨

지게 된다는 것입니다. 세월호는 8시 48, 49분경 사고가 발생했고(그랬다고 간주되고), 8시 52분경 단원고 학생이 119에 신고한 이후 해경 출동 세력이 사고 현장에 속속 도착하게 됩니다.

9시 26분경 해경 초계기 CN-235기가 도착하고, 9시 27분 해경 헬기 B-511호를 시작으로 9시 32분 B-513호, 9시 45분 B-512호가 도착합니다. 그리고 현장지휘함의 역할을 맡았던 123정은 9시 35분경 참사 해역에 도착합니다.

해경 출동 세력이 세월호에서 승객을 구조할 마음이 있었다면 적어도 9시 50분 이전에 퇴선 명령이 내려졌어야 했습니다. 이 시간 이후에는 퇴선 명령이 내려진다 하더라도 승객 전원의 안전을 보장하기 힘들었습니다.

현장에 출동한 해경은 그 누구도 세월호에 퇴선 명령을 내리지 않았습니다. 세월호 참사의 본질은 얼마든지 구할 수 있었음에도 불구하고 무슨 이유인지 해경 출동 세력이 구조를 하지 않았다는 것입니다. 다시 한 번 강조하지만 못 구한 것이 아니라 안 구했다는 것이 세월호 참사의 본질적 성격입니다.

이렇듯 8시 52분 최초 신고부터 10시 30분 선수 일부만을 남겨 놓고 모두 물속으로 들어가버린 그 시간에 초점이 놓여 있어야 하는 것이지, 우리의 시야가 10시 이후에 놓여 있어서는 안 됩니다. 10시 이후를 바라보게 되면 필연적으로 세월호의 본질과는 멀어지게 됩니다.

스캔들 또는
가십으로 시선 돌리기

이렇듯 세월호의 본질과 멀어지다 보니, '7시간'이라는 용어를 사용하는 데서 생기는 세 번째 효과는 바로 '스캔들 또는 가십gossip으로 시선 돌리기'입니다.

'7시간' 동안 대통령의 행적에만 관심을 갖다 보면 '대통령이 주사를 맞았는지 안 맞았는지, 머리를 올렸는지 내렸는지, 대통령이 연애를 했는지 안 했는지' 등 세월호와 아무런 관련도 없는 일에 몰입하게 됩니다.

거듭 이야기하지만 세월호 참사의 본질은 국가가 세월호 승객을 '안 구했다'는 것이고, 진상 규명의 핵심은 '왜 안 구했는지'를 밝혀내는 것에 있습니다. 세월호 참사의 본질과 아무런 상관이 없는 스캔들에 계속 몰입하는 것은 사실상 세월호 참사의 본질을 희석하는 것에 다름 아닙니다.

(일부에서는 '7시간'이라는 용어 자체에 문제가 있으니, '8시간' '8.5시간' '9시간' 등을 사용하자고 제안하기도 한다. 그렇게 되면 세월호가 침몰하던 시간도 포함시킬 수 있다는 주장이다. 하지만 이 역시 '7시간'과 동일한 문제를 가질 수밖에 없다. 왜냐하면 지연히 대통령의 행적에 몰입하게 되기 때문이다. 세월호 참사에서 본질적으로 중요한 것은 '대통령이 무엇을 했는지'가 아니라 '왜 안 구했는지'이다. 대통령의 행적이 분, 초 단위로 밝혀진다 하더라도 '왜 안 구했는지'가 밝혀지지 않으면 세월호 참사의 진상 규명은 조금도 이루

어진 것이 아니다.)

탄핵과
세월호

헌법재판소는 박근혜 대통령 탄핵 심판 결정에서 세월호 참사와 관련한 '생명권 보호 의무 위반'은 탄핵 사유에 포함하지 않았습니다. 관련 부분은 다음과 같습니다.

하지만 국민의 생명에 위협받는 재난 상황이 발생했다고 하여 피청구인이 직접 구조 활동에 참여하여야 하는 등 구체적이고 특정한 행위 의무까지 바로 발생한다고 보기는 어렵다. 세월호 참사로 많은 국민이 사망했고 그에 대한 피청구인[대통령]의 대응 조치에 미흡하고 부적절한 면이 있었다고 하여 곧바로 피청구인이 생명권 보호 의무를 위반했다고 인정하기는 어렵다. 그 밖에 세월호 참사와 관련하여 피청구인이 생명권 보호 의무를 위반했다고 인정할 수 있는 자료가 없다.

김이수, 이진성 재판관이 보충의견에서 대통령의 성실의무 위반을 지적했지만 미흡하기는 마찬가지였습니다. "국민의 생명과 안전에 급박한 위험이 초래되어 대규모 피해가 생기거나 예견되는 국가 위기 상황이 발생했음에도, 상황의 중대성 및 급박성 등을 고려할 때 그에 대한 피청구인의 대응은 현저하게 불성실했다. 피청구인은 최상위 단계의 위기 경보가 발령되었고 상황의 심각성을 파악했음에도 재난 상황을 해결하려는 의지나 노력이 부족했다. 그렇다면 피청구인은 국민의 생명과 안전을 보호하여야 할 구체적인 작위 의무가 발생했음에도 자신의 직무를 성실히 수행하지 않았으므로, 헌법 제69조 및 국가공무원법 제56조에 따라 대통령에게 구체적으로 부여된 성실한 직책 수행 의무를 위반한 경우에 해당한다"고 하면서도, 결론에서는 "이 사건에서 피청구인은 국가공무원법상의 성실의무를 위반했으나 당해 상황에 적용되는 행위 의무를 규정한 구체적 법률을 위반했음을 인정할 자료가 없고, 위에서 살핀 것처럼 성실의무를 현저하게 위반했지만 직무를 의식적으로 방임하거나 포기한 경우에 해당한다고 보기는 어렵다"고 판단했습니다.

이러한 헌법재판소의 판단에 많은 사람이 실망한 것이 사실입니다. 하지만 헌법재판소 결정문에서 주의 깊게 보아야 할 부분이 있습니다. 바로 '자료가 없다'는 부분입니다.

앞에서 자세히 살펴보았듯이 세월호 참사 당일 대통령의 행적은 오리무중입니다. 다수가 보고를 했고 대통령의 지시가 있었다는 '주장'만 있을 뿐 그것이 '실재'하는지 우리는 전혀 알지 못합니다. 그러다 보니 우리는 박 전 대통령에게 '밝혀라'라고 요구하는 것 말고는 정확히 어떤 지점을 공격해야 할지 알지 못합니다.

사실 이것은 박 전 대통령 측에서 의도적으로 그렇게 만든 것이라고 볼 수 있습니다. 세월호 참사 당일 대통령이 정확히 무엇을 했는지 우리는 알지 못하지만, 현재까지의 태도로 봤을 때 세월호 참사에 대응하는 데 지극히 불성실했다는 느낌을 받습니다. 더 나아가, 참사 자체를 일으키는 데 일정한 역할을 한 것이 아닐까 직감합니다. 어느 경우이든 박 전 대통령의 입장에서는 명백히 밝히는 것이 유리할 리가 없는 상황입니다. 그러므로 그는 자신의 행적 자체를 매우 모호하게 만들어버리는 전략을 구사하고 있는 것입니다.

여기서 우리는 다시 한 번 세월호 참사의 진상을 규명할 필요를 절감하게 됩니다. 지금은 '자료가 없기 때문에', 다시 말해 분명한 것이 아무것도 없기 때문에 세월호 참사는 박 전 대통령의 탄핵 사유에 포함되지 못했습니다. 언젠가 명명백백히 진상 규명이 이루어지는 날, 박근혜는 그 진실에 의거해 다시 한 번 법정에 서야 할 것입니다. 그래서 304명의 죽음에 책임을 져야 할 것입니다.

2014년 조원진 자료: 2014년 8월 13일 조원진 의원이 청와대로부터 제출받아 공개한 세월호 참사 당일 '대통령에 대한 보고 및 대통령의 조치사항'(7·7 운영위: 2014년 7월 7일 국회 운영위원회 업무보고, 7·10 특위: 2014년 7월 10일 국정조사특위 기관보고)

시간		대통령의 대한 보고 및 대통령의 조치 사항	비고
9:24	보고	안보실, 휴대폰 문자 상황 전파 – '474명 탑승 여객선 침수 신고 접수, 확인 중'	7.7 운영위 7.10 특위
10:00	보고	안보실 서면 보고 ① (안보실장→대통령) – 구조 인원 수, 구조 세력 동원 현황	7.10 특위
10:15	보고 및 지시	안보실 유선 보고 ① + 대통령 지시 '단 한 명의 인명 피해도 발생하지 않도록 할 것' '여객선 내 객실 등을 철저히 확인하여 누락 인원이 없도록 할 것'	7.7 운영위 7.10 특위
10:22	보고	안보실 유선 보고 ②	
10:30	지시	대통령, 해양경찰 청장에게 유선 지시 '특공대를 투입해서라도 인원 구조에 최선을 다할 것'	7.7 운영위 7.10 특위
10:36	보고	비서실 서면 보고 ① (정무수석실→대통령)	
10:40	보고	안보실 서면 보고 ②	
10:57	보고	비서실 서면 보고 ② (정무수석실→대통령)	
11:20	보고	안보실 서면 보고 ③	
11:23	보고	안보실 유선 보고 ③	
11:28	보고	비서실 서면 보고 ③ (정무수석실→대통령)	

12:05	보고	비서실 서면 보고 ④ (정무수석실→대통령)	
12:33	보고	비서실 서면 보고 ⑤ (정무수석실→대통령)	
13:07	보고	비서실 서면 보고 ⑥ (정무수석실→대통령) – 370명 구조, 2명 사망	
13:13	보고	안보실 유선 보고 ④ – 190명 추가 구조, 현재까지 총 370명 구조	7.10 특위
14:11	보고	안보실 유선 보고 ⑤	
14:50	보고	안보실 유선 보고 ⑥ – 190명 추가 구조 인원은 잘못된 것으로 정정 보고	7.10 특위
14:57	보고	안보실 유선 보고 ⑦	
15:30	보고	비서실 서면 보고 ⑦ (정무수석실→대통령) – 구조 인원 166명으로 정정(사망자 2명 포함)	7.10 특위
16:10	보고	비서실장 주재 수석비서관 회의	
17:11	보고	비서실 서면 보고 ⑧ (정무수석실→대통령)	
17:15	지시	대통령 중앙재난안전대책본부 현장 방문 및 지시 '많은 승객들이 아직 많이 빠져나오지 못한 것으로 알고 있음. 생존자를 빨리 구출할 것' * 비서실장, 중대본 방문 수행시 구두 보고	7.10 특위
20:06	보고	비서실 서면 보고 ⑨	
20:50	보고	비서실 서면 보고 ⑩	
22:09	보고	비서실 서면 보고 ⑪	
4월 17일 09:00~ 20:00		대통령 진도 현장 방문 – 14:00 진도 구조 현장 방문 / 16:20~17:00 실내체육관 가족 방문	

세월호참사
팩트체크

2014년 김재원 자료: 2014년 10월 28일 청와대가 국회 운영위원회 국정감사를 앞두고 김재원 의원에게 제출한 세월호 참사 당일 '대통령에 대한 보고 및 대통령의 지시 및 조치 사항'

시간	대통령에 대한 보고 및 대통령의 지시·조치 사항	비고
09:24	안보실, 핸드폰 문자 상황 전파 – '474명 탑승 여객선 침수 신고 접수, 확인 중'	7.7 운영위, 7.10 특위
10:00	안보실 서면 ①보고(안보실→VIP) –구조 인원 수, 구조 세력 동원 현황	7.10 특위
10:15	VIP, 안보실장에 전화 / 안보실 유선 ①보고 – '단 한명의 인명 피해도 발생하지 않도록 할 것 / 여객선 내 객실 등을 철저히 확인하여 누락 인원이 없도록 할 것'	7.7 운영위, 7.10 특위
10:22	VIP, 안보실장에 전화 / 안보실 유선 ②보고 – 안보실장에 다시 전화하여 샅샅이 뒤져 철저히 구조할 것 재 차 강조	
10:30	VIP, 해경청장에 전화·지시 – 안보실장에 지시한 내용에 더하여 '해경 특공대를 투입해서라도 인원 구조에 최선을 다할 것'	7.7 운영위, 7.10 특위
10:36	비서실 서면 1보고(정무수석실→VIP)	7.10 특위
10:40	안보실 서면 ②보고(안보실→VIP)	
10:57	비서실 서면 2보고 (정무수석실→VIP)	
11:20	안보실 서면 ③보고(안보실→VIP)	
11:23	안보실 유선 ③보고(안보실장→VIP)	
11:28	비서실 서면 3보고(정무수석실→VIP)	

12:05	비서실 서면 4보고(정무수석실→VIP)	
12:33	비서실 서면 5보고(정무수석실→VIP)	
12:50	복지수석, VIP께 전화 보고 (기초연금 관련 국회 상황 및 후속 조치 계획)	
13:07	비서실 서면 6보고(정무수석실→VIP) – 370명 구조, 사망 2	
13:13	안보실 유선 ④보고(안보실장→VIP) – 190명 추가 구조, 현재까지 총 370명 구조	7.10 특위
14:11	VIP, 안보실장에 전화 / 안보실 유선 ⑤보고 – 구조 진행 상황 점검 및 현장 상황 파악	
14:50	안보실 유선 ⑥보고 – 190명 추가 구조 인원은 잘못된 것으로 정정 부고	7.10 특위
14:57	VIP, 안보실장에 전화 / 안보실 유선 ⑦보고 – 구조 인원 통계 혼선 관련 재차 확인	
15:00	VIP, 중대본 방문 준비 지시	
15:30	비서실 서면 7보고(정무수석실→VIP) – 구조 인원 166명으로 정정(사망자 2명 포함) – 비서실장, 실장 주재 수석비서관 회의 소집 지시	7.10 특위
16:10	비서실장 주재 수석비서관 회의	7.10 특위
16:30	경호실, VIP께 중대본 방문 준비 완료 보고	
16:30	중대본 구조 수 오류 정정 브리핑 (중대본, 15:30 구조 인원 착오 사실 旣 발표)	
17:11	비서실 서면 8보고(정무수석실→VIP)	

17:15	VIP 중대본 현장 방문 및 지시
	– '지금 가장 중요한 것은 생존자를 빨리 구출하는 것이니
	   총력 기울일 것'
	– '일몰까지 시간이 없음.
	   생사를 확인하고 최대한 구출하는 데 힘 쏟기 바람'
	– '(저도) 지금 가만히 있을 수 없어서 나왔는데, 가족들 심정은
	   오죽하겠나' '가족들에게 어떻게 돼가고 있는지
	   설명도 드리고 세심하게 준비를 해달라'
		7.10 특위
		*비서실장
		중대본 방
		문 수행 시
		구두 보고

20:06	비서실 서면 9보고(정무수석실→VIP)	
20:50	비서실 서면 10보고(정무수석실→VIP)	
22:09	비서실 서면 11보고(정무수석실→VIP)	
22:20	국무총리 주재, 관계 부처 장관회의 개최	

**4월17일
09:00~
20:00**
	VIP 진도 현장 방문
	14:00 진도 구조 현장 방문/ 16:20~17:00 실내체육관 가족 방문
	– '마지막 한 분까지 구조에 최선을 다할 것',
	   '원인 규명, 책임자 엄벌' 약속
	– '상황판, TV 모니터 설치,
	   유가족에 명단 공개 신속히 제공 지시'	

2015년 녹색당 자료: 녹색당이 법원에 낸 정보공개거부처분 취소 소송 과정에서
청와대가 법원에 제출한 '4·16 세월호 사고 당일 시간대별 대통령 조치사항'

시간	4·16 세월호 사고 당일 시간대별 대통령 조치 사항
10:00	안보실 보고(구조 인원 수, 구조 세력 동원 현황)
10:15	대통령, 안보실장에게 전화/안보실 보고 ('단 한 명의 인명 피해도 발생하지 않도록 할 것. 여객선 내 객실 등을 철저히 확인하여 누락 인원이 없도록 할 것')
10:22	대통령, 안보실장에게 전화/안보실 보고 (안보실장에게 다시 전화하여 샅샅이 뒤져 철저히 구조할 것 재차 강조)
10:30	대통령, 해경청장에 전화·지시 (안보실장에 지시한 내용에 디히여 '해경 특공대를 투입해서라도 인원 구조에 최선을 다할 것')
10:36	비서실 보고
10:40	안보실 보고
10:57	비서실 보고
11:20	안보실 보고
11:23	안보실 보고
11:28	비서실 보고
12:05	비서실 보고
12:33	비서실 보고
12:50	대통령 복지수석에 전화(기초연금 관련 국회 상황 파악 및 후속 대책 조치)

세월호참사
팩트체크

13:07	비서실 보고(370명 구조, 사망 2)
13:13	안보실 보고(190명 추가 구조, 현재까지 총 370명 구조)
14:11	대통령, 안보실장에 전화/안보실 보고 (구조 진행 상황 점검 및 현장 상황 파악)
14:50	안보실 보고(190명 추가 구조 인원은 잘못된 것으로 정정 보고)
14:57	대통령, 안보실장에게 전화/안보실 보고 (구조 인원 통계 혼선 관련 재차 확인)
15:00	대통령, 중대본 방문 준비 지시
15:30	비서실 보고(구조 인원 166명으로 정정[사망자 2명 포함])
16:00	경호실, 대통령께 중대본 방문 준비 완료 보고
16:30	중대본 구조 수 오류 정정 브리핑 (중대본, 15:30 구조 인원 착오 사실 旣 발표)
17:11	비서실 보고
17:15	대통령, 중대본 현장 방문 및 지시 ('지금 가장 중요한 것은 생존자를 빨리 구출하는 것이니 총력 기울일 것' '일몰까지 시간이 없음. 생사를 확인하고 최대한 구출하는 데 힘 쏟기 바람' '(저도) 지금 가만히 있을 수 없어서 나왔는데, 가족들 심정은 오죽하겠나' '가족들에게 어떻게 돼가고 있는지 설명도 드리고 세심하게 준비를 해달라')

2016년 홈페이지 자료: 2016년 11월 19일 청와대가 홈페이지에 공개한 '세월호 당일 이것이 팩트입니다'

시간	세월호 당일 이것이 팩트입니다
09:24	안보실, 문자 상황 전파('474명 탑승 여객선 침수 신고 접수, 확인 중')
09:53	대통령, 외교안보수석실로부터 서면보고 받음(국방 관련)
10:00	대통령, 국가안보실로부터 종합 서면보고 받음 (구조 인원 수, 구조 세력 동원 현황)
10:15	대통령, 국가안보실장에게 전화(상황 보고 청취 후 지시 사항 하달, '단 한 명의 인명 피해도 발생하지 않도록 할 것, 여객선 내 객실 등을 철저히 확인하여 누락 인원이 없도록 할 것')
10:22	대통령, 국가안보실장에게 전화 (추가 지시 사항 하달, '샅샅이 뒤져서 철저히 구조하라'고 강조)
10:30	대통령, 해양경찰청장에게 전화 지시 ('특공대를 투입해서라도 인원 구조에 최선을 다할 것') 대통령의 지시 내용 민경욱 대변인 언론에 브리핑
10:36	대통령, 정무수석실로부터 서면보고 받음(09:50 70명 구조)
10:40	대통령, 안보실로부터 서면보고 받음(10:40 106명 구조)
10:57	대통령, 정무수석실로부터 서면보고 받음 (476명 탑승, 10:40 133명 구조)
11:01	MBN '학생 전원 구조' 속보
11:04	YTN '학생 전원 구조' 보도

세월호참사
팩트체크

11:20	대통령, 안보실로부터 서면보고 받음(11:10 161명 구조)
11:23	대통령, 안보실로부터 유선보고 받음
11:28	대통령, 정무수석실로부터 서면보고 받음(477명 탑승, 11:15 161명 구조)
11:34	대통령, 외교안보수석실로부터 서면보고 받음 (인도네시아 대통령 방한 시기 재조정 검토)
11:43	대통령, 교육문화수석실로부터 서면보고 받음(자율형 사립고 관련 보고)
12:05	대통령, 정무수석실로부터 서면보고 받음(11:50 162명 구조, 1명 사망)
12:33	대통령, 정무수석실로부터 서면보고 받음(12:20 179명 구조, 1명 사망)
12:48	방송에선 '승객 대부분이 구조된 것으로 알려지고 있다' 계속되는 오보
12:50	대통령, 최원영 고용복지수석으로부터 10분간 유선보고 받음 (기초연금법 국회 협상 진행 상황 관련 긴급 보고)
13:07	대통령, 정무수석실로부터 서면보고 받음(13:00 370명 구조, 2명 사망)
13:13	대통령, 국가안보실장으로부터 유선보고 받음 (190명 추가 구조하여 현재까지 총 370명 구조하였다고 잘못 보고)
14:11	대통령, 국가안보실장에게 전화(구조 진행 상황 재확인)
14:50	대통령, 국가안보실장으로부터 유선보고 받음 (190명 추가 구조는 서해해경청이 해경 본청에 잘못 보고한 것으로 확인되었다는 정정 보고)
14:57	대통령, 국가안보실장에게 전화 (구조 인원 혼선에 대한 질책과 통계 재확인 지시)
15:00	대통령, 중앙재난안전대책본부 방문 준비 지시
15:30	대통령, 정무수석실로부터 서면보고 받음 (구조 인원 166명으로 정정[사망자 2명 포함])

15:42	대통령, 외교안보수석실로부터 서면보고 받음 (외교안보수석–주한일본대사 오찬 결과)
16:10	비서실장, 수석비서관 회의 주재
16:30	경호실, 대통령께 중앙재난안전대책본부 방문 준비 완료 보고
17:11	대통령, 정무수석실로부터 서면보고 받음(잔류자 구조 방안 등)
17:15	대통령, 중앙재난안전대책본부 방문 및 지시 ('남은 승객들이 아직 빠져나오지 못한 것으로 알고 있음. 생존자를 빨리 구출할 것')
20:06	대통령, 정무수석실로부터 서면보고 받음 (462명 탑승, 164명 구조, 4명 사망)
20:50	대통령, 정무수석실로부터 서면보고 받음(174명 구조)
22:09	대통령, 정무수석실로부터 서면보고 받음

6장

인양과 선체 조사

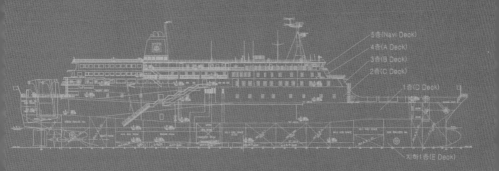

5층(Navi Deck)
4층(A Deck)
3층(B Deck)
2층(C Deck)

1층(D Deck)

지하1층(E Deck)

1073일 만에 물 위로 모습을 드러낸 세월호
출처: 416가족협의회

녹슬고 긁힌
세월호와 마주하기

정미홍 전 KBS 아나운서는 세월호 인양을 두고 "인명을 귀하게는 여기나 바닷물에 쓸려갔을지 모르는 그 몇 명을 위해서 수천억을 쓰는 것은 세금 낭비"라고 주장했습니다.[13] 그리고 일부 정치인들은 세월호특조위의 활동을 '세금 도둑'이라고 주장하기도 했습니다.[14]

박근혜 정부는 세월호특조위에 예산을 배치하지 않음으로써 활동을 방해했고 인양을 지연시켰습니다. 그리고 공교롭게도 박 전 대통령이 구속되고 얼마 되지 않은 2017년 4월 9일 세월호가 완전히 뭍으로 올라왔습니다. 세월호 참사가 일어난 지 1089일 만이었습니다.

---

13 2017.3.29. 시빅뉴스 "'세월호 인양 세금 낭비' 발언에 '국민 가슴 난도질' 비난 봇물'
14 2015.8.3. 한겨레21 '세월호특조위는 누명을 썼다'

세월호를 인양하는 데 적지 않은 비용이 든 것은 사실입니다. 그러나 국가란 어떤 일이 가치 있는지를 판단하고 그에 따라 우선순위를 정해 집행해야 합니다. 당시 박근혜 정부와 집권 여당의 주장을 통해 판단해보면, 나라를 이끄는 지도자들은 세월호가 상징하는 우리 사회의 부정부패와 관리 소홀, 법규 위반, 부적절한 관행 등을 뿌리 뽑고 철저히 조사하는 데 국가적 자원을 사용하지 않는 것이 좋다고 결정한 것으로 보였습니다.

그동안 우리나라에선 세월호뿐 아니라 많은 인명을 앗아간 대형 재난 사고가 주기적으로 반복되어왔습니다. 1993년 서해훼리호, 1994년 성수대교 붕괴, 1995년 삼풍백화점 붕괴 사건이 일어났고, 2000년대 들어서도 2003년 대구 지하철 화재 참사, 2014년 마우나오션리조트 붕괴 사고 등이 있었습니다. 매번 막을 수 있었던 사고였는데 결국 많은 사람들의 목숨을 앗아가는 대형 재난으로 이어졌습니다. 이러한 재난 패턴은 앞으로도 쉽게 달라지지 않을 것입니다. 내재한 원인을 조사하고 개선하지 않는 한 반복은 피하기 어렵습니다.

**증거로서
세월호의 가치**

우리는 아직도 세월호의 침몰 원인이 무엇

인지 알지 못합니다. 다만 선체를 천신만고 끝에 인양했을 뿐입니다. 비록 배는 물 밑에 오랜 시간 가라앉아 있으면서 훼손을 피할 수 없었지만, 첨단 기술을 이용해 선체의 주요 기기와 장비들을 복원할 수 있습니다. 선체의 외판도 부식을 막는 특수 페인트로 도색되었기 때문에 원형 그대로 보존이 가능합니다. 가능한 모든 증거를 수집해 조사할 수 있는 모든 것을 확인해야 하는 지금, 물적 증거로서 세월호 선체가 갖는 가치는 확고합니다.

앞서 살펴보았듯이 박근혜 정부는 자체 조사를 통해 침몰 원인을 '과적' '고박 불량' '조타 미숙'으로 판단한 다음 다른 모든 가설을 유언비어로 간주했습니다. 과적이란 배에 너무 많은 양의 화물을 실은 것, 고박 불량은 배에 실은 화물을 적절히 고정하지 않은 것, 조타 미숙은 조타수가 배를 조타(조종)하던 중 실수한 것을 말합니다. 정부의 발표대로라면 세월호 침몰의 원인은 온전히, 배를 운전한 일부 선원과 화물을 실은 담당자 몇 사람의 나태함에 있습니다.

하지만 법원의 판단은 달랐습니다. 선원들은 세월호 참사의 결정적 원인을 제공했다는 혐의로 기소되었지만, 항소심 재판을 맡은 광주고등법원(재판장 서경환)은 공소장에 적힌 침몰 원인에 대해 의문을 제기했습니다. 조타수의 실수로 배가 기울었다는 것이 명백하다고 보기 어렵다는 것입니다. 판결문은 '조타기가 정상적으로 작동했는지에 대한 합리적 의심이 든다'고 쓰고 있습니다. 선원들이 일정 부분 조타 실수를 범했다 하더라도 그것만으로 배가 기울어 침몰하는 것은 매우 이례적인 일이며, 오히려 배의 기관 중 하나인 조타기 자체가 고장 났을 가능성도 있다는 것입니다. 재판부는 조타기의 장치 중 하나인 '솔레노이드 밸브'나 프로펠러가 고장 났을 가능성을 언급했습니다.

비단 법원만 세월호 참사의 다른 가능성을 본 것은 아닙니다. 수많은 시민과 언론인들이 당시 세월호 침몰 영상과 각자 치밀하게 수집한 자료를 통해 몇 가지 침몰 가설을 제기하고 있습니다. 그리고 시민과 유가족이 조사한 내용에는 나름의 합리성이 있습니다. 이렇게 많은 사람이 침몰 원인에 대해 의문을 제기하는 이유는 아직까지 분명히 검증되지 않았기 때문입니다. 또 국민들이 정부의 조사 과정과 발표를 신뢰하지 못하기 때문이기도 합니다.

적어도 법원이 이렇게 판단했다는 것은 정부의 발표와는 달리 선원 일부의 실수 외에 더 많은 침몰의 원인이 존재할 수 있다는 것을 뜻합니다. 물론 실물 증거인 세월호 선체가 없는 이상 재판부는 이러한 가설을 검증할 수 없었습니다.

침몰 원인에 대한 여러 가설을 입증하려면 직접증거가 필요하고, 대부분의 직접증거는 세월호 선체 안에 또는 선체 외판에 있습니다. 지금까지 세월호에 대한 조사가 핵심 증거물을 제외한 채 간접증거와 정황증거에 그친 외적 조사였다면, 이제부터는 드디어 직접 조사를 할 수 있게 되었습니다. 증거로서 세월호를 온전히 보존해 인양하는 것은 진실 규명을 향한 첫 번째 단계, 아니 핵심적

단계였습니다.

유가족들은 참사 초기부터 인양에 대해 질문해왔습니다.[15] 하지만 해양 사고가 발생하면 사고 처리와 피해자 지원을 책임져야 할 해양수산부는 참사 초기에 인양과 관련한 언급을 일절 하지 않도록 내부적으로 단속했습니다. 외부에도 인양은 고려하지 않는 듯한 모습을 연출했습니다.[16]

그러면서도 다른 한편으로는 참사 초기부터 인양 업체를 검토하고 민간 자문단을 구성하는 등 인양을 준비해왔던 모양입니다. 정부는 인양의 목적을 미수습자 수습이라 밝혔습니다. 그런데 이후 인양 준비 과정에서 그들이 보인 모습은 그런 목적에 부합하지 않았습니다. 미수습자 수습이 목적이었다면, 정부는 2014년 11월 11일 수색 종료를 선언한 이후 곧바로 인양을 시행하고, 그것도 미수습자 유실과 선체 훼손을 최소화하는 방법으로 인양을 추진했어야 합니다. 하지만 본격적인 인양은 계속 지연되었고, 해양수산부는 끊임없이 인양을 위해 선체를 절단하려 했습니다. 정부는 "인양은 수색과 구조의 한 방편으로, 선체 자체에는 의미를 두지 않을 것"이라고 밝혔습니다.[17] 선체를 처리하는 과정에서 선체의 온전한 보전은 고려하지 않는 모습이었습니다.

---

15 범정부사고대책본부 세월호인양TF 0권 6쪽
16 범정부사고대책본부 세월호인양TF 0권 30쪽
17 범정부사고대책본부 세월호인양TF 2권 41쪽

'구멍 난'
인양 과정

반잠수식 선박에 실려 목포신항으로 옮겨지는 모습

출처: 416가족협의회

2014년 11월 11일 수색이 종료된 이후 세월호 인양이 결정되었
습니다. 가족들은 온전한 상태로 선체를 인양할 것과 실종자 수습

을 요청했지만, 선체는 훼손되었고, 유실방지망은 뒤늦게 설치되었으며, 인양은 지연되었습니다.

세월호 인양 과정[18]

2014년 5월. 언딘과 해경 측이 인양 가능하다고 결론을 냄

2014년 11월 11일. 정부, 미수습자 가족들의 동의를 얻어 수색 중단을 발표(미수습자 9명)

2015년 1월 26일. 416가족협의회, '온전한 세월호 인양과 실종자 수습 및 철저한 진상 규명'을 위한 20일 도보 행진[19]

2015년 4월 22일. 해양수산부, 세월호 참사 371일 만에 공식 인양 계획을 발표

2015년 5월 22일. 해양수산부, 인양 업체 선정을 위한 입찰 공고

2015년 7월 7일. 416가족협의회, 유실방지망 확인을 위해 수중촬영에 나섰다가 불허됨

2015년 7월 29일. 선체 전체를 봉인할 유실방지망 설치할 것을 요구함

2015년 8월 4일. 상하이샐비지 컨소시엄을 인양 업체로 선정함. 선정 과정은 비공개로 진행됨

2015년 8월 28일~인양 완료시까지. 정부, 선체의 주요 부분을 절단하고 구명 뚫음

---

18 416가족협의회 자료집 12~13쪽, 진행 과정 일정표에서 발췌
19 오마이뉴스 2015.1.26. "'전두환 때도 이러진 않았다' 세월호 유족, 팽목항까지 20일 행진'

2015년 8월 29일. 유가족들, 동거차도에 초소를 세우고 인양 작업을 감시하기 시작함

2015년 9월 11일. 유실방지망을 설치하기 시작함

2016년 4월14일. 정부, 7월 인양을 목표로 크레인-부력재 인양 방식 발표

2016년 5월 29일. 선수를 들다가 실패함

2016년 6월 23일. 세월호 선체 처리에 관한 우선협상대상자와 작업 방식 발표

2016년 11월 11일. 인양을 2017년 3, 5월로 미루고 인양 방식을 재킹바지선을 이용한 반잠수식 선박 방식으로 변경했다고 발표

2017년 3월 10일. 박근혜 전 대통령 파면됨. 파면 선고 5시간 후 해양수산부는 기자들에게 세월호 인양 결정을 알림

2017년 3월 15일. 해양수산부, 세월호 인양 결정을 공식 발표함

2017년 3월 23일. 세월호가 수면 위로 떠오름

2017년 3월 30일. 세월호를 목포신항에 육상 거치함

인양 업체 선정부터
어긋나다

2015년 2월 15일과 6월 24일, 416가족협의회는 인양 업체 선정과 관련해 다음과 같이 두 가지를 요구했습니다.

첫째, 정부는 7개 컨소시엄을 평가하는 과정에서 불순한 정치적 고려와 판단을 개입시켜서는 안 된다. 이를 위해 정부는 입찰 현황, 평가 기준과 과정 및 결과, 협상 과정 등 인양 업체 결정과 관련한 모든 과정과 결과는 물론 선체 인양과 미수습자 수습의 모든 과정을 투명하게 공개해야 한다.

둘째, 정부는 인양 업체 선정을 위한 기술평가에서 미수습자 유실 방지 대책과 선체 훼손 최소화 방안을 최우선 평가 기준으로 삼아야 한다.

공정한 절차를 거치고 정보를 공개할 것, 유실 방지와 선체 훼손 최소화를 최우선으로 할 것. 누가 보더라도 합당한 내용이었습니다. 하지만 정부는 선정 과정에서 유가족의 요구를 전혀 고려하지 않았습니다.

우선 선정 과정을 비공개로 진행했습니다. 해양수산부와 인양 업체 상하이샐비지 사이의 구체적 계약 내용은 유가족에게도 공개하지 않았습니다. 당시 활동하던 세월호특조위의 의견 또한 반영하지 않았습니다. 심지어 정부는 상하이샐비지를 인양 업체로 선정할 때까지도 세월호특조위에 예산을 배정하지 않음으로써 활동에 제약을 가하던 중이었습니다.

평가 요소에도 문제가 있었습니다. 정부는 유가족에게 인양 업체를 선정하는 데 가장 중요한 평가 요소는 '기술력'이라고 말했습니다. 인양 업체 선정을 위한 평가표를 보면 기술평가에 90점, 가격

평가에 10점을 배정하고 있습니다. 하지만 각 평가 요소에 배정된
점수는 선정에 큰 영향을 끼치지 않았습니다.

| 협상 순위 | 업체명 | 기술평가 | 가격평가(10점) | | 종합평점 |
			제안가격	가격점수	
우선협상 대상자	상하이샐비지 컴파니	78.920	85,118,000,000	9.3977	88.3177
2	차이나엔타이샐비지	78.543	99,000,000,000	8.0799	86.6229
3	타이탄마리타임 Ltd	77.542	99,999,990,000	7.9991	85.5411
부적격	리졸버마린 그룹	72.807	137,206,166,900	5.83	78.637
부적격	(주)보해오션	59.217	99,550,000,000	8.0353	67.2523
부적격	(주)한국해외기술공사	54.069	79,991,175,000	10	64.0690
입찰무효	스미트 싱가폴 Pte Ltd	80.908	148,500,000,000	–	

세월호 인양 입찰 평가 결과표(뉴스타파)

입찰에 참가한 상하이샐비지와 차이나엔타이샐비지, 타이탄마
리타임 사이의 기술점수 편차는 1점 미만이었습니다. 이처럼 기술
점수가 거의 비슷한 상황에서는 가격평가 점수가 업체 선정에 결
정적인 역할을 하게 됩니다. 결국 각 기술평가에서 비슷한 점수를
받은 업체 중 가장 낮은 가격을 제시한 상하이샐비지가 종합 평점
1위를 차지해 인양 업체로 선정되었습니다. 가격이 아니라 기술이

우수한 업체를 선정하겠다는 정부의 주장은 애초부터 무의미한 것이었습니다.

더 나아가, 가격의 우수성으로 상하이샐비지가 인양 업체로 선정되었다면 그만큼의 예산이 절약되었어야 합니다. 하지만 업체 선정이 확정된 후 2개월이 지난 2015년 10월 21일, 해양수산부는 유실방지망 비용 60억 원과 컨설팅 비용 16억 원을 추가 지급하기 위해 예산을 편성해야 했습니다.

또 상하이샐비지는 인양용 구조물인 '리프팅 빔'(받침대)을 선수 아래에 끼워 들다가 실패해 배에 손상을 입혔습니다. 그러면서 입찰할 당시 제안했던 인양 공법을 중간에 바꾸었습니다. 인양 시기가 지연되고 인양 공법이 변경되는 와중에 결과적으로 인양 비용이 상하이샐비지가 처음 제안한 것보다 훨씬 상회하게 되었습니다. 진상 규명을 위한 노력을 세금 도둑으로 몰아붙인 정부라면 인양 업체를 선정하고 비용을 관리하는 일에 철저했어야 했습니다. 정작 세금을 낭비한 쪽은 유가족도, 진상 규명을 바라는 시민들도 아닌 해양수산부와 박근혜 정부였습니다.

해양수산부가 직접 작성한 '수색·구조 지원을 위한 세월호 인양 추진계획 보고서'에 따르면 "세월호 인양 기술력을 가진 업체는 세계적으로 3, 4개 업체에 불과하며 공모시 실익이 없으며 정부가 인양에 중점을 둔다는 부정적 논란이 예상된다"는 지점이 기술되어 있습니다. 보고서가 언급하는 세계적 업체에 상하이샐비지는

없었습니다.[20]

세월호 인양에
적합한 방식

　　　　　　　선박을 인양하는 방식 중 세월호 인양에 적용될 수 있다고 유력하게 거론되던 방법은 두 가지였습니다.

　첫 번째는 크레인 방식인데, 선박을 단단히 고박해 고리에 건 다음 대형 크레인을 이용해 수면 위로 끌어올리는 공법입니다. 만약 선박의 균형을 제대로 유지할 수 있다면 인양하기 가장 쉬운 방식이고, 비용도 저렴하다는 장점이 있습니다. 하지만 크레인으로 들다 보면 선체가 흔들리고 배 안의 화물이 쏠리면서 낙하 사고가 날 가능성이 있고, 인양하는 선체를 지탱할 수 있을 만큼 강한 앵커(닻)가 필요합니다. 또 선박을 올리는 과정에서 고박하는 앵커나 크레인 와이어에 선체가 쏠리면서 선체 외판이 손상될 수도 있습니다. 그리고 일반적으로 크레인 방식으로 인양할 수 있는 배의 무게는 8000톤가량입니다. 세월호의 경우 1만 톤이 넘어 크레인 방식의 무게 상한선을 초과한 것으로 보입니다.[21]

　두 번째는 잭업jack-up 방식입니다. 선박의 양측에 바지선(고정하

---

20 범정부사고대책본부 세월호인양TF 1권 45쪽
21 경향신문 2017.4.4. '물 아닌 펄 가득… 세월호 무게 계산도 틀렸다'

세월호참사
팩트체크

는 배)을 설치한 다음 유압 방식으로 양쪽 바지선에서 선체를 번갈아가며 들어 올리는 방식입니다. 이 방식은 가이드라인이라는, 선박 고정 장치를 설치함으로써 대형 선박이라도 안정적으로 인양할 수 있는데, 한편으로는 가이드라인 설치에 따라 비용이 증가하기도 합니다. 선체 손상을 최소화하고 인양 과정에서 무게중심이 흔들릴 위험이 적다는 장점이 있는 반면, 잭업 장치를 지지할 바지선(재킹바지선)을 조달하기가 쉽지 않다는 단점이 있습니다.[22]

세월호 인양을 준비하기 위해 해양수산부가 구성한 민간자문회의는 바지선을 이용한 인양 방식(잭업 방식)이 크레인을 이용한 방식보다 안정적이라고 판단했습니다. 세월호가 침몰하면서 화물이 쏠리고 움직여 선체 내부의 안정성이 떨어졌고 그러면서 무게중심이 달라졌기 때문에, 인양하면서 선체의 자세를 조정하면 사고가 날 가능성이 컸습니다. 또 현 상태에서 크레인으로 인양했다가는 체인이나 와이어에 배의 상부 구조물이 파손될 우려도 있었습니다. 더불어 선체가 수면 위로 끌어져 올라왔다가 부력이 떨어지면 하중이 급격히 생길 수 있다는 점 역시 우려되었습니다.[23](영국의 해양 구난 컨설팅 업체인 TMC사도 검토보고서에서 같은 점을 지적했다. 물의 부력이 감소하면 그만큼 무게가 늘어나므로 선체 상부의 무게가 하부를 눌러

---

22 범정부사고대책본부 세월호인양TF 2권 57쪽
23 범정부사고대책본부 세월호인양TF 0권 49쪽

내부가 붕괴할 수 있다.)

이를 고려해, 참사 직후인 2014년 4월 24일 해경이 주관한 전문가회의는 해상크레인 인양 공법은 세월호 인양에 적용하기 어렵다고 판단하면서 잭업 방식으로 추진하기로 결정했던 것입니다.[24]

중간에 인양 방식을
바꾸다

그러나 해양수산부는 잭업 방식을 쓰지 않는 업체인 상하이샐비지와 계약을 체결했습니다. 상하이샐비지는 크레인-부력재 방식의 인양을 시도한다고 발표했습니다. 배는 기본적으로 크레인을 통해서 들되, 세월호가 크레인보다 더 무겁기 때문에 선체 구조물을 절단해 내부에 공기주머니(폰툰)를 넣은 다음 부력을 활용해 인양하겠다는 것입니다.

상하이샐비지는 먼저 크레인 인양을 위해 선체 하부에 받침대를 넣겠다면서 선수를 들다가 배에 극심한 손상을 입히고 나서야 중단했습니다. 현재 인양된 세월호의 선수를 보면 당시 찢어진 부분을 육안으로 확인할 수 있습니다.

그리고 상하이샐비지는 세월호 내부에 철제 부력재를 넣겠다며 140여 군데가 넘는 구멍을 뚫었습니다. 이 구멍으로 미수습자의 유

---

24 범정부사고대책본부 세월호인양TF 0권 63쪽

해나 유품이 유실되었을 수도 있었습니다. 게다가 그동안 정부가 세월호에 유실 방지 장치를 과연 철저히 설치했는지도 의문이었습니다.(2015년 9월 16일 '세월호 인양을 위한 1차 사전조사' 설명회에서, 정부가 2014년 11월 실종자 수색을 끝내면서 세월호의 문과 창에 설치해놓은 실종자 유실 방지 장치가 망이 아니라 줄 2개였던 것으로 드러났다. 또 유실방지 줄 가운데 일부가 그동안 떨어져 나간 경우도 있어서 유실 우려를 낳았다. 정부는 그때 새로 유실방지망으로 교체하겠다고 발표했다.)

부력을 이용해 인양하는 방식이 실패로 끝나자, 상하이샐비지는 인양 공법을 바꿔 애초에 정부 측에서 논의한 잭업 방식을 도입하겠다고 발표했습니다. 그 이유로, 정부의 사전 조사 자료가 미흡해 자신들이 자체적으로 다시 조사했고 그 결과 잭업 방식이 적절하다는 것을 2016년 겨울에야 판단했다고 했습니다.

상하지샐비지와 관련해 한 가지 더 지적하고자 합니다. 인양된 세월호의 상부에서 먹다 버린 음식물 찌꺼기로 보이는 삶은 닭 뼈와 돼지 뼈가 무수히 발견되었습니다. 작은 뼛조각 하나에도 가슴이 무너지는 미수습자 가족들에게 이는 큰 상처였습니다. 뼈들이 발견된 위치가 상하이샐비지의 바지선에서 인양 도중 버렸다면 세월호 위로 적치되었을 바로 그곳이었기 때문입니다.

또다시 선체를
절단해야 할까

2016년 8월 29일 해양수산부는 선체 인양 후 수색 방법을 발표했는데 이는 선체를 절단하고 분리하는 방식이었습니다. 그렇게 하면 당연히 선체가 훼손되고 미수습자의 유해에 손상이 갈 수도 있는 일이었습니다. 해양수산부는 선체를 절단하는 방식을 택한 근거로 작업 기간이 짧다는 점을 들었습니다. 해양수산부가 발표한 '세월호 인양 후 미수습자 수습 방식에 대한 종류와 기간 비교표'에 따르면 수중에서 배를 직립시키거나 인양한 선체에 그대로 진입하는 작업 방식보다 인양 후 선체를 절단하는 작업 방식이 작업 기간이 절반 이상 짧게 설정되어 있었습니다.

하지만 실제로 인양 후 작업 기간만 놓고 보면 공정별로 큰 차이가 없습니다. 사전 준비라는 것은 인양되어 거치되기 이전의 기간인데 이 작업을 실제로 마치면 바로 인양된다는 보장이 없는 상태에서 이러한 기간 제시는 무의미합니다. 실제로 사전 준비가 인양 후 작업 기간에 영향을 주지 않았기 때문입니다.

구분		수습 기간			할증 개수 (본작업)
		사전 준비(A)	본작업(B)	소계(A+B)	
수직 진입 방식		–	90-120일	90-120일	1.5~2.0
객실 직립 방식		–	60일	60일	1.0
수중 직립 방식		91일	72일	163일	1.2
육상 직립 방식	해상크레인	78일	72일	150일	1.2
	스트랜드 잭	180일	72일	252일	
	윈치	150일	72일	222일	

수직 진입 방식은 열악한 작업 여건을 반영해 1.5~2.0(선체 내부 상태에 따라 차등)을 적용했고, 육상 직립 방식은 공중 작업(지상고 26미터)에 따른 추가 요소 일수 반영

세월호 인양 후 미수습자 수습 방식 종류와 기간 비교표. 416가족협의회 자료집 23쪽

미수습자 가족들 또한 하루빨리 수습을 원하고 있기에 작업 기간이 짧아지는 것을 가장 중요하게 여기고 있습니다. 해양수산부의 제안은 이러한 미수습자 가족들의 절박함을 활용해 선체 인양 후 절단 방식을 가족들이 채택하도록 유도했다고 볼 여지가 있습니다.

현재 선체가 인양된 뒤 정리 용역은 해양수산부의 입찰을 거쳐 선정된 '코리아샐비지'가 진행하고 있습니다. 선체 인양 업체를 선정할 당시 입찰한 7곳 중 선체 절단안을 제시한 곳은 3곳, 절단하지 않고 우현 일부를 절개하는 안을 제시한 곳은 4곳이었으며, 코리아

샐비지는 선체 절단을 제안한 업체였습니다. 코리아샐비지의 계획대로라면 선체를 눕힌 자세로 거치한 다음 자연스레 선체 처리를 위해 선체를 절단하는 것이 좋다는 결론에 이르게 됩니다. 그리고 현재 객실 부분의 정리를 마친 단계에서 코리아샐비지는 선체를 절단해 화물칸을 정리할 수밖에 없다는 입장을 고수하고 있습니다.

선체 절단은 열과 힘을 가하는 작업이기 때문에 작업 과정에서 선체가 파손되고 변형되는 일이 얼마든지 일어날 수 있습니다. 단순히 작업 속도만 고려해 가장 '빠르고' '손쉬운' 방법인 절단을 추진하는 것은 옳지 않습니다.[25] 무엇이 올바른 방법인지 해양수산부는 결정해야 합니다.

이미 선체는 상하이샐비지의 부력재 삽입과 인양지장물 제거 과정을 거치면서 구멍이 뚫리는 등 심하게 훼손된 상태입니다. 더 이상의 훼손은 막아야 합니다.

인양 과정을 철저히 감시할 책임이 있는 해양수산부, 성실한 업무 수행의 의무가 있는 상하이샐비지와 코리아샐비지. 이들이 어떤 업무 지시를 받았고 어떤 목적으로 인양 작업에 임했는지 앞으로 모두 조사해 공개해야 합니다.

---

25 세월호특조위 조사관 모임 2017.3.10. '세월호 인양선체 정리용역에 관한 코리아쌀베지 기술제안서 검토결과 보고'

세월호참사
팩트체크

선체 조사에서
세월호의 진실로

선체 조사에서
나올 단서들[26]

세월호 선체는 많은 비밀의 열쇠를 갖고 있습니다. 우리는 인양한 선체에서 각종 내외 기기를 조사함으로써 그러한 단서를 발견할 수 있습니다. 그리고 단서를 통해 다음과 같은 사실의 진위 여부를 가려낼 수 있습니다.

먼저, 침몰 당시 세월호의 기기 자체가 고장 난 것이 맞는지 판단할 수 있습니다. 지금까지의 세월호 관련 수사는 대체로 조타를 담당했던 선원의 실수에 맞춰졌습니다. 당시 조타기를 잡았던 선원들은 한결같이 실수가 없었다고 주장하고 있습니다. 누구의 주장

---

26 김성훈 전 세월호특조위 조사관 2017.3.7. '선체 조사 중 증거 조사 대상 목록'

이 맞는지, 배 자체에 문제가 있었던 것은 아닌지는 조타 관련 기기를 점검해보면 답을 찾을 수 있습니다.

또 외부충격설, 즉 외부 충격으로 세월호가 침몰했다는 의혹의 진실을 밝힐 수 있습니다. 참사 당시 찍은 영상과 사진 자료에서 선체 일부분에 훼손 흔적이 보인다는 가설이 제기된 바 있습니다. 선체의 주요 외부 기기들이 외력에 손상된 흔적이 있는지, 외판에 찌그렸거나 도색이 손상된 곳이 있는지 등 모든 지점을 과학적으로 조사할 수 있습니다.

그리고 당시 세월호에 어떤 화물이 실렸었는지 확인할 수 있습니다. 현재까지도 세월호에 실린 화물의 전수조사를 못 한 상태입니다. 화물 과적과 고박 불량이 재판에서 중요한 침몰 원인으로 제기되었는데도 세월호가 도대체 어떤 화물을, 얼마나 싣고 있었는지, 화물들이 어떤 상황에서 무너져 침몰을 가속화했는지 우리는 지금까지도 정확한 자료를 알지 못합니다. 선체 내 화물의 전수조사를 하고 그를 바탕으로 다시 검증을 하면 당시의 침몰 상황을 정확히 재현할 수 있습니다.

끝으로, '가만히 있으라'는 방송과 관련한 진술의 진실 여부를 검증할 수 있습니다. 선원들은 방송 장비가 고장 났고, 방송을 해도 들리지 않았으며, 내부를 촬영하던 모니터가 꺼져 있었다는 등 안내방송과 선내 촬영에 대해 납득할 수 없는 주장을 했습니다. 우리가 방송 장비와 촬영 기기를 복원해 검증해보면 선원들 진술의 진실을 알 수 있습니다. 그리고 그 진실 속에서 그들이 왜 그런 일을 했는지를 밝힐 단서가 나올 수도 있습니다.

이와 같이 선체는 세월호의 진실을 밝힐 많은 단서를 갖고 있습니다.

다음은 세월호 선체의 주요 구성물로서 인양하는 과정에서 절단되고 훼손된 부분입니다.[27] 정부가 왜 주요 선체 부위를 무리하게 절단했는지, 또 절단물까지 훼손하지는 않았는지 밝혀야 합니다.

앵커(닻)

정부 측: 앵커의 무게가 인양에 방해되어 절단했다.

추가 조사: 닻이 내려진 채로 기운 모습의 세월호 사진을 통해 고의침몰설이 제기되었으므로 검증이 필요하다.

크레인 붐대, 핸드 레일, 윈치, 환풍구, 승강용 사다리, 연돌

정부: 선수 들기에서 부력을 확보하기 위해 그 과정에서 제거했다.

추가 조사: 세월호 선체를 온전히 보존해야 하고, 진상 조사 차원에서 필요하다.

불워크(파도를 막아주는 울타리)

정부: 선수 들기에서 인양 와이어를 설치하기 위해 절단했다.

추가 조사: 침몰 원인 의혹과 관련해 외부 충격의 흔적으로 의심되는 부분

---

27 416가족협의회가 만든 사이트(time.416family.org) '세월호 인양의 모든 것' 중 '절단 구역 보기' 참조

이 불워크에 있어서, 세월호특조위가 작업 중지까지 요청했는데도, 정부는 절단함으로써 증거를 훼손했다.

마스트(갑판에 수직으로 세우는 기둥)

정부: 인양에 방해되는 선체 구조물(인양지장물) 일부를 제거했다.

추가 조사: 침몰 당시 제일 먼저 부러졌을 정도로 진상 규명에 필요한 중요한 증거이다. 절단했더라도 더 이상 훼손해서는 안 되며, 안전 사회에 대한 경각심을 일깨워주는 상징으로서 보존해야 한다.

선체에 뚫린 구멍

정부: 부력을 확보하려면 에어백과 폰툰을 설치하고, 물을 빼고, 잔존유를 회수해야 하는데 그 과정에서 구멍을 뚫을 수밖에 없었다. 하지만 이후 상하이샐비지는 부력재 방식을 포기하고 잭업 방식으로 인양했으며, 에어백과 폰툰은 모두 회수했다.

추가 조사: 세월호 선체에는 현재 140여 개 구멍이 뚫려 있다. 구멍의 크기는 작게는 25센티미터에서 1.5미터까지 이른다. 특히 선체 하부의 탱크와 기관실 등에 직사각형 구멍 34개가 뚫려 있다. 탱크와 기관실, 보조기실은 선체의 무게중심, 하중, 감항능력 등 참사의 진상 규명을 위해 조사해야 할 사안이 많은 곳이다. 세월호특조위는 '기관실, 보조기실, 축실, 타기실은 대법원에서 진상 규명 대상으로 열거한 바 있는 핵심 선체 조사 대상'이며 '증거물 오염이 심각히 우려되며 진상 규명 방해에 해당된다'고 밝혔다.

스태빌라이저(균형 장치)

세월호참사
팩트체크

정부: 선수를 들고 선체 왼쪽에 리프팅 빔을 설치하기 위해 좌현 핀 스태빌라이저를 제거했다.

추가 조사: 침몰 원인과 관련해 스태빌라이저가 고장(작동 불량) 났다는 의혹이 있었다. 또 조사 과정에서 자재가 없어 수리하지 못했다는 사실이 밝혀졌다. 조준기(세월호 조타수)는 재판 과정에서 스태빌라이저에 무언가 걸린 것 같았다고 증언했다. 세월호특조위가 스태빌라이저는 선체가 왼쪽으로 기운 원인을 규명하는 데 중요한 선체 구조물이므로 함부로 손대서는 안 된다고 주장했으나, 받아들여지지 않았다.

램프(자동차 등이 출입하는 통로의 출입문)

정부: 2017년 3월 23일 인양하는 과정에서 왼쪽 선미 램프가 잠금장치 일부가 파손되어 열린 채 발견되었고, 그 상태로는 세월호를 반잠수식 선박에 실을 수 없어서 절단했다.

추가 조사: 1년 6개월 넘게 잠수사들이 바닷속을 드나들며 세월호를 조사했는데도 램프 문제를 발견하지 못한 것은 인양 준비 부실이라 할 수 있다. 또 침몰 원인과 관련해 배가 기울어지면서 부실하게 닫힌 램프로 물이 들어왔을 가능성이 있다는 증언이 있으므로 이를 검증해야 한다. 강원식 세월호 일등항해사가 수사 과정에서 '램프를 모두 잠갔는데 램프 하부에서 빛이 들어오는 것을 확인했다'고 증언했고, 이준석 세월호 선장은 수사 과정에서 '2014년 4월 15일 출항 전 선상 회의에서 카 램프에 균열된 부분이 조금 있으니까, 쉬는 날 공장에 의뢰해야겠다고 얘기를 했다'고 증언했다.

세월호선체조사위와
국민의 감시

2017년 3월 21일 '세월호 선체조사위원회의 설치 및 운영에 관한 특별법'(세월호선체조사위법)이 제정되어 시행되었습니다. 이 법은 세월호를 인양한 후 선체를 조사하는 것을 목적으로 하며, 선체조사위원회를 설립할 수 있는 근거가 됩니다. 세월호선체조사위법 제5조는 세월호선체조사위의 업무를 다음과 같이 규정하고 있습니다.

1. 인양되어 육상에 거치된 세월호의 선체를 조사
2. 세월호 선체 인양 과정을 지도하고 점검
3. 미수습자 수습, 세월호 선체 내 유류품과 유실물 수습 과정을 점검
4. 조사가 끝난 세월호 선체를 어떻게 처리할지(보존 검토를 포함)에 대해 의견 표명
5. 참사의 직접적인 원인 조사와 관련해 위원회가 필요하다고 판단하는 사항

법에 따르면 세월호선체조사위는 세월호의 선체를 조사하고, 인양 과정에 직접 개입은 하지 않지만 인양 과정을 '지도' '점검' 하며, 미수습자 수습과 선체 내 유류품, 유실물 수습을 직접 수행하는 것은 아니나 이를 해양수산부와 낙찰된 업체가 수행할 때 '점검'을 하

고, 조사가 끝난 세월호의 선체를 어떻게 처리할지에 대해 의견을 표명할 수 있습니다.

그리고 세월호선체조사위법 제42조에 따르면 세월호선체조사위는 조사를 종료한 후 3개월 안에 종합보고서를 작성해 국회와 대통령에게 보고해야 합니다. 보고서에는 반드시 다음 내용이 들어가야 합니다.

1. 세월호 참사의 원인
2. 세월호 참사의 원인을 제공한 법령, 제도, 정책, 관행 등에 대해 개혁 대책을 수립하도록 조치할 것을 권고
3. 세월호 참사에 책임 있는 국가기관을 시정하고, 책임 있는 공무원을 징계할 것을 조치 권고

정리하면, 세월호선체조사위는 선체 조사는 직접 수행하나, 미수습자의 수습과 인양 과정에 대해서는 이미 수행하고 있는 해양수산부와 업체의 작업을 '점검'하는 것만이 가능합니다. 그래도 종합보고서를 낼 때는 세월호 참사의 원인을 적고, 원인을 제공한 모든 제도에 대한 개혁 대책을 수립할 것을, 그리고 책임 있는 국가기관과 공무원을 징계할 것을 조치 권고해야 합니다.

세월호선체조사위의 조사 권한은 수사기관에 비해 강력하다고 볼 수는 없습니다. 세월호특조위와 마찬가지로, 정당한 이유 없이 조사 대상자와 참고인의 출석을 방해하거나, 실지조사를 거부하고 방해하거나, 동행명령에 응하지 아니한 경우 1000만 원 이하의 과태료를 부과할 수 있을 뿐입니다. 세월호특조위의 경우 오보를 낸 MBC에 출석을 요구하고 동행명령장을 발부했지만 MBC는 거부 의사를 밝히고 과태료를 부담하겠다고 하면서 조사에 불응하기도 했습니다.[28]

즉 세월호선체조사위의 조사 권한은 강력하지 않으나 조사해야 할 범위는 넓습니다. 또 한시적 기관으로서 6개월(위원회 의결로 4개월 연장 가능)을 조사 기간으로 설정하고 있습니다. 이렇게 단기간이며 권한이 많지 않은 위원회가 선체 조사를 통해 최종적으로 도달할 곳은 세월호 참사의 원인, 그를 둘러싼 제반 법과 제도에 대한 개혁, 관련자들에 대한 징계와 처벌 요구입니다.

그렇기에 세월호선체조사위의 뒤에는 416세월호참사 국민조사위원회가 필요합니다. 세월호 참사의 피해자는 세월호에 탑승했던 직접적인 피해자와 가족뿐 아니라 시민 모두입니다. 시민 모두가 진상 규명을 맡은 조사관이 되어야 합니다. 세월호선체조사위가

---

28 경향신문 2016.5.16. '안광한 MBC 사장 '세월호 관련 조사 못 받겠다' 세월호특조위 동행명령장 거부 의사 밝혀'

세월호참사
팩트체크

조사를 올바르게 수행할 수 있도록 조사 대상자들에 대한 감시의 눈길을 거두어서는 안 됩니다. 진실을 은폐하는 세력이 또다시 조사를 회피할 수 없도록, 여론을 통해 진실을 말하도록 압박해야 합니다. 또 세월호 참사에 대한 의혹이 남아 있는 한 세월호선체조사위가 이를 성실히 검증하게 해야 합니다. 법이 규정한 모든 방법을 동원해 세월호선체조사위가 정치적 중립성을 지키고 업무의 독립성과 객관성을 유지하도록 감시하며 지원해야 합니다. 그리고 조사 보고서가 국회와 대통령에게 보고되었을 때 모든 시민이 그 내용을 주시하며 조사 내용의 적절성을 판단해야 합니다.

지금도 선체는 훼손되고 있습니다. 그런데 선체 인양과 관련한 과정이 국민에게 공개되지 않고 있습니다. 목포신항을 찾은 많은 시민들로선 먼발치에서 펜스에 막혀 겨우 윤곽만 보이는 세월호를 지켜볼 수밖에 없습니다. 유가족들조차 하루에 두 번 정해진 시간에 일정한 거리 밖에서만 세월호를 볼 수 있습니다. 아직도 세월호는 다 올라오지 않았습니다. 눈앞에 있지만 볼 수 없습니다.

2014년 4월 16일 침몰부터 지금까지 참으로 긴 시간 동안 배를 인양하고자 노력했습니다. 가족과 시민들의 염원은 세월호의 진실을 밝히는 것입니다. 그 진실의 열쇠는 배 안에 있습니다.

목포신항에
세월호가
들어오던 날

2017년 3월 30일 오전 0시, 경기도 안산에서 세월호 유가족들이 탄 버스가 목포신항으로 출발했습니다. 버스가 목포로 가는 도중 박근혜 전 대통령의 구속 소식이 알려지자 가족들이 술렁였습니다. 뉴스 화면은 연신 구속되는 박근혜의 모습을 보여주었습니다. 새벽 5시, 목포신항 인근 식당에서 유가족들은 긴 하루를 시작하는 첫 콩나물국밥을 먹었습니다.

세월호참사
팩트체크

항구로 가는 출입구를
막고 있는 경찰들

출처: 416가족협의회

　해가 뜨기도 전이었습니다. 중요한 날마다 그러했듯 그날도 비
가 왔습니다. 세월호를 실은 배는 당초 해양수산부의 발표보다 빠
른 속도로 목포신항으로 접근하고 있었고, 배의 위치로 보아 언론
에 보도된 예상 도착 시간보다 이른 시간에 항구에 접안할 것으로

예상되었습니다. 마음이 급한데 경찰들이 항구로 가는 출입문을 열어주지 않았습니다. 해가 뜨면서 부모님들이 다시 동요했습니다. 배가 육지로 올라오는 첫날인데도 출입을 막는 펜스는 굳게 잠겼고, 경찰들은 무표정하게 가족들을 향해 서 있었습니다.

'배가 온다!'

여기저기서 배가 온다, 배가 보인다는 소리가 들렸지만 출입을 막는 펜스 이편에서는 항구가 보이지 않았습니다. 유가족들은 펜스를 붙잡고 흔들면서 울고, 주저앉았지만, 경찰들은 더 많은 인원을 배치했습니다. 배가 들어오는 소리가 들리자 참지 못하고 유가족들이 펜스를 밀고 들어갔습니다. 들어가는 가족들을 막으며 경찰들은 '배가 아직 들어오지 않았다'고 말했습니다. 하지만 달려 도착한 항구 앞에는 이미 세월호가 도착해 있었습니다. 가족들이 배를 본 것은 낮 12시 35분경, 그리고 철제 펜스를 열어주겠다는 경찰의 예상 도착 시간은 오후 2시였습니다.

배가 올라왔습니다. 침몰과 구조 방기, 은폐의 모든 진실을 담은 핵심 증거물이자 수많은 사람들을 품고 바다로 내려가버린 거대한 지옥, 세월호입니다.

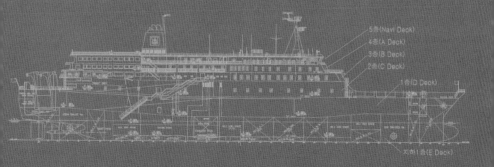

7장

국가의
조직적인 조사 방해

세월호 특조위
준비 단계에서의
방해

2016년 11월 김영한 전 청와대 민정수석의 업무수첩이 발견되었습니다. 2014년 6월 14일 시작해서 2015년 1월 9일에 끝나는 총 210일간의 기록입니다. 업무수첩은 국정 전반을 기록한 청와대 회의록이라 할 수 있지만, 그 속에는 박근혜 정부가 세월호 참사를 어떻게 보고 어떻게 대처해왔는지, 그 민낯을 볼 수 있는 진실의 퍼즐 조각 또한 들어 있습니다. 김기춘 비서실장 지휘하에 언론 보도를 통한 여론 조작(관제 데모, 언론 통제), 검찰 수사에 가이드라인 제시(기소 대상, 참사 원인), 세월호특조위 내부 무력화 시도(여당 추천 위원 지목, 해양수산부 작성 문건) 등을 지시한 정황이 고스란히 기록되어 있었습니다. 이 퍼즐 조각을 잘 맞춰보기만 해도 청와대가 세월호 참사의 진상 규명을 계획적으로 방해하고 왜곡을 주도했다는 혐의를 부인하기 어려워 보입니다.

청와대는 세월호가 가라앉고 수많은 삶이 수장될 때는 아무것도 하지 않다가, 정작 참사 이후에는 집요하게 길목을 지키며 월권과 방해로 진실을 축소하고 왜곡했던 것입니다.

이번 장에서는 박근혜 정부가 세월호의 진실 규명을 막기 위해 세월호특조위 준비 단계에서부터 활동 종료 시점에 이르기까지 어떻게 개입했고, 수사 과정에는 어떻게 간섭했는지를 살펴보고자 합니다.

수사권 · 기소권 없는
반쪽짜리 입법

진실 규명에 성역이 없도록 세월호특조위에 수사권과 기소권이 주어져야 한다는 주장이 제기되었다. 이에 박근혜 청와대와 당시 새누리당은 '사법 체계를 흔드는 위헌적 주장'이라고 격렬히 반대했다. 정부와 새누리당의 강력한 거부와 저항으로 세월호특조위에 수사권과 기소권은 없이 특검 수사를 국회에 요청할 수 있는 권한만 부여되었다. 해당 법의 근거 조항에 따라 세월호특조위는 두 차례 특검 수사를 국회에 요청했으나, 새누리당의 거부로 이조차 실현되지 않았다. 강제력 없는 조사권으로는 참사의 진상을 규명하는 데 한계가 명확했다.

세월호 참사를 겪은 국민들의 충격은 국민 모두가 참사 트라우마의 피해자라고 해도 과언이 아닐 만큼 큰 것이었습니다. 국민의 상식적인 눈으로 볼 때 해상 사고가 왜 대형 참사로 이어졌는지 납득하기 어려웠습니다. 전 국민이 침몰 현장을 방송 중계로 생생히 지켜보았고, 배가 물속에 가라앉기 전에 배 안에 있던 사람들을 밖으로 나오게 하지 않는 상황을 이해할 수 없었습니다. 자신들의 아들딸 같고, 동생 같고, 조카나 손자 같고, 제자 같은 어린 생명들이 바닷속으로 사라지는 모습을 무기력하게 지켜보아야 했습니다.

살아 있는 사람들은 무엇인가 해야 했습니다. 속절없이 생명을 떠나보낸 남은 사람들에게 참사의 진실을 밝히는 일은 너무나 당연한 책무로 다가왔습니다.

진실 규명을 외치는 유가족들의 호소에 국민들이 화답했고, 입법청원으로 모아진 350만 1266명의 힘으로 세월호 참사의 진상을 규명하기 위해 2014년 11월 '4·16세월호참사 진상규명 및 안전사회 건설 등을 위한 특별법'(세월호특별법 또는 세월호진상규명법)이 제정되었습니다.

세월호특별법의 입법 과정이 순탄했던 것은 아닙니다. 특별법에 세월호특조위가 '(강제) 수사 권한'과 범죄 혐의가 있을 때 재판에 넘길 수 있는 '기소 권한'을 갖도록 할 것인가가 입법 과정에서 큰 논란이 되었습니다.

국가의
조직적인 조사 방해

수사 권한의 경우, 산불감시원이나 어업지도원 등은 현직 경찰이나 검찰 공무원이 아닌데도 직무 수행시 '사법경찰 관리'로 간주되어 일종의 강제 수사권이 부여된 선례가 있었습니다. 세월호 참사의 진상을 규명하는 위원회에 수사권과 기소권을 주는 것을 두고 비록 법학자들 사이에 논란이 있었지만, 대통령과 정부 여당의 진상 규명 의지가 확실하다면 얼마든지 가능하다는 게 중론이었습니다.

기소 권한의 경우, 검찰만이 갖는 기소 권한을(기소독점주의, 기소편의주의) 다른 기관에 줄 수 없다는 것이 세월호 참사의 진상을 규명하는 위원회에 기소권을 줄 수 없다는 입장의 주된 논거였습니다. 그런데 헌법 제66조 제4항은 기소독점주의를 선언하며, 오직 대통령 한 사람에게만 기소권(형사처벌을 위해 재판에 회부할 수 있는 권한)을 부여하고 있고, 대통령이 자신의 기소권의 일부를 하위 공무원(일반적으로 검사)에게 자유롭게 위임해 업무 처리를 지시할 수 있도록 되어 있습니다. 그렇다면 대통령에게서 기소권을 위임받은 공무원(일테면 세월호특조위의 고위 공무원)이 기소권을 행사하는 것은 위헌이 아니라는 결론에 도달합니다. 설사 검찰의 기소독점주의를 인정하더라도, 정치권이 합의한 상설 특별검사를 세월호특조위에 파견해 기소 여부를 판단하게 하면 검찰의 기소독점주의와도 상충하지 않을 수 있었습니다.

하지만 청와대는 일부 언론과 보수적인 헌법학자들을 동원해 특별법에 수사·기소 권한을 주는 것을 반대하게 했고, 새누리당도 '법체계를 흔드는 위헌적 발상'이라며 강력 저항했습니다.(김영한 전 민정수석의 업무수첩 7월 20일자에 '검찰 세월호 사건 관계자 구속, 입건, 철저 수사 중인데도 유족은 수사권 부여 주장' '경과, 방향, 의지 등을 소상히 알려서 국민 납득 요망'이라는 메모가 나온다.)

2014년 당시 여당과 야당은 8월 7일 야당이 두 차례나 양보한 끝에 특별법에 전격 합의했습니다. 우선, 야당은 위원회에 수사권과 기소권을 주는 안 대신 위원회로 하여금 특별검사를 추천하는 방안으로 후퇴했습니다. 하지만 그조차 여당의 반대에 부딪혀 양보해야 했습니다. 특별검사 후보 전원을 여야의 동의 아래 선정하기로 선회한 것입니다. 그런데 이 합의는 세월호특조위가 특별검사 수사 요청을 했을 때 지켜지지 않았습니다. 당시 다수당인 새누리당의 거부로 특별검사 수사 요청은 두 번 다 회기를 넘기면서 자동 폐기되었습니다. 세월호특조위의 특검 수사 요청 권한은 없는 것이나 마찬가지였습니다. 결국 청와대와 당시 새누리당은 '수사권·기소권 논란'을 통해 세월호특조위에 아무런 권한도 주지 않았고, 진실 규명을 염원하는 국민의 눈을 속인 것입니다.

세월호특별법을
유명무실하게 만든 시행령

2015년 1월 16일 새누리당 원내수석부대표 김재원 의원이 세월호특조위 설립준비단이 마련한 직제, 예산안을 두고 '세금 도둑'이라고 비난했다. 이 시기는 세월호특조위 설립준비단이 안전행정부, 기획재정부와 예산과 인력을 협의하던 시기였다. 이 발언 이후 시행령의 초안을 잡는 주무 부처가 안전행정부에서 해양수산부로 바뀌었다. 해양수산부는 임명된 세월호특조위 위원들이 사전 준비와 논의를 통해 만든 '특조위 직제와 예산안'을 줄곧 무시했다. 2015년 3월 27일 해양수산부가 특별법 시행령안을 일방적으로 입법 예고하자, 5월 6일 정부는 세월호특조위와 유가족, 시민사회의 반대에도 시행령안을 국무회의에서 통과시켰으며, 5월 11일 공포·시행했다.

2015년 5월 11일 제정된 특별법 시행령에는 위법적 요소가 상당합니다.

우선, 시행령을 제정한 주체가 누구인지 살펴봐야 합니다. 해양수산부가 세월호특조위의 독립성을 완전히 무시하고 자신들이 시행령 제정의 주체로 나선 점입니다. 특별법 시행령은 세월호특조위의 조직과 직제에 대해 규정하고 있으므로, 시행령 제정 주체 역시 세월호특조위 설립준비단이 되었어야 합니다. 이는 김재원 의원의 이른바 '세금 도둑' 발언이 나오기 전에는, 세월호특조위 설립

준비단의 민간 위원과 파견된 공무원이 함께 행정자치부와 협의를 진행했던 사실을 봐도 명확히 알 수 있습니다.

당시 김재원 의원이 원내 현안대책회의에서 세월호특조위 구성과 관련해 규모가 지나치게 크다며 '세금 도둑'이라고[29] 비난했습니다. 이 발언 이후 시행령의 초안을 짜는 주무 부처가 행정자치부에서 해양수산부로 바뀌었습니다. 여당 원내부대표의 이러한 발언이 전해지자 설립준비단과의 협의는 돌연 중단되었습니다. 세월호특조위와 가족들과의 대화를 일절 중단한 상황에서 정부는 일방적으로 직제와 예산을 정하는 수순을 밟았습니다.

특히 해양수산부는 세월호 참사와 후속 조치에 책임이 있는, 세월호특조위의 조사 대상이 되는 기관으로서, 그런 곳이 특별법 시행령을 제정하는 것은 고양이에게 생선을 맡기는 격이었습니다.

또 시행령에는 세월호특조위의 독립성을 침해하는 내용이 포함되었습니다. 세월호특조위 업무를 종합·조사하는 업무를 담당하는 행정지원실장과 기획행정담당관, 그리고 진상 규명 업무의 추진 상황을 점검하고 청문회를 실시하는 업무를 담당하는 진상규명국의 선임과장인 조사1과장을 정부에서 파견한 공무원이 맡도록

---

29 세월호특별법은 사무처 정원을 120명 이하로 규정하고 있는데 세월호특조위 설립준비단이 5명의 상임위원을 포함한 125명안을 제출한 것이, 여성가족부나 방송통신위원회보다 더 큰 부처를 만든다는 비난의 주된 이유였다. 김재원 의원은 신동아 2015년 3월호 인터뷰에서, 외부용역비 등을 지적하며 "불행한 사건에 개입해 나라 예산으로 자신들의 목적을 달성하려는 거 아닌가" "호의호식하려고 모인 탐욕의 결정체로 보였다"고 세월호특조위를 비난했다.

한 것입니다. 이 핵심 보직들을 파견 공무원이 차지하면 세월호특조위 활동이 내부에서 방해받을 수 있다는 우려가 팽배했는데, 실제 세월호특조위 활동 과정에서 그것이 기우가 아니었음이 확인되었습니다.

시행령에는 특별법의 취지에 반하는 내용도 들어갔습니다. 특별법은 세월호특조위의 임무를 '안전한 사회 건설을 위한 종합 대책 수립'이라고 규정하면서, 그 범위를 해상 사고로 한정하지 않습니다. 그러나 시행령은 안전사회과의 업무를 규정하면서 '세월호 참사와 관련된'이라는 문구를 추가해 그 범위를 축소해버렸을 뿐 아니라, 조사1과와 조사2과의 업무에 관해 '참사의 원인 규명에 관한 정부 조사 결과의 분석' '참사의 구조 구난 작업에 대한 정부 조사 자료 분석'으로 범위를 한정하기도 했습니다.

그 밖에 시행령에는 세월호특조위가 요구한 중요 사항이 제외되었습니다. 세월호특조위가 마련한 안에는 업무의 완결성과 신속한 처리를 위해 소위원장의 업무 지휘·감독권을 규정하는 내용이 들어 있었으나, 정부의 시행령에는 이것이 삭제되었습니다. 실제로 내부에서는 지휘 권한을 행사하는 문제를 둘러싸고 새누리당이 추천한 부위원장 겸 사무처장과 충돌이 끊이지 않았습니다. 사무처장은 위원장과 상임위원이 자신의 지휘 권한을 인정하지 않는다며 안팎으로 문제를 제기하고 계속 논란을 불러일으켰습니다.

애초에 특조위는 정원을 정무직 상임위원 5명을 별도로 120명을 확보하는 것으로 요구했었습니다. 하지만 정부는 정무직 상임위원을 정원에 포함시켰을 뿐 아니라 시행령 발효 후 6개월까지는 정원을 90명으로 두도록 규정하기도 했습니다.

사실 시행령의 이러한 문제점을 2015년 당시 국회도 일부 인식하고 있었습니다. 2015년 5월 29일, 국회에서 세월호특별법 시행령 개정을 겨냥한 국회법 개정안에 대한 여야 합의가[30] 이루어졌고, 같은 날 국회법 개정안이 국회 본회의를 통과했습니다. 하지만 6월 25일 대통령이 국회법 개정안에 대해 거부권을 행사한 후 국회에서 재의 없이 그대로 폐기되었고, 합의 당사자였던 유승민 새누리당 원내대표가 자리에서 물러나는 진통이 있었습니다.

---

30 구체적인 합의 내용은 다음과 같다: 3-1. 대통령령·총리령·부령 등 행정입법이 법률의 취지 또는 내용에 합치되지 아니하다고 판단되는 경우, 국회가 수정·변경을 요구하고 수정·변경을 요구받은 행정기관은 이를 지체 없이 처리하도록 하는 국회법 개정안을 처리한다. 3-2. 세월호특별법 시행령의 경우, 농해수위에 여야 각 3인으로 세월호특별법 시행령 점검 소위를 구성해 법률의 취지와 내용에 합치되지 아니하는 사항 등을 점검하고 개정 요구안을 마련한 뒤 이를 6월 임시회 중 상임위원회 전체회의에서 의결한다.

국가의
조직적인 조사 방해

세월호특조위
구성·활동 단계에서의
방해

특조위가 신청한 2015년 예산은 초기 협의 과정에서 240억→198억→159억 원으로 자체 조정해 최종 제출되었으나 국무회의가 의결하는 과정에서 89억 원으로 대폭 삭감되었다. 특히 조사사업비의 경우 45억 원 중 14억 원만 지급되었다.

2016년 예산으로 당초 특조위는 198억 7000만 원을 요구했으나, 정부는 61억 7000만 원을 배정했다. 이는 요구액의 31퍼센트 수준이었다. 특히 특조위의 핵심 업무인 진상규명을 위한 예산은 6억 7300만 원이 배정되었는데, 이는 특조위가 요구한 73억 5300만 원의 9퍼센트에 불과한 것이었다.

대통령은 위원회가 종료되던 시점까지 인사혁신처의 '고위공무원 임용심사위원회 검증'도 마친 진상규명국장을 임명하지 않아 조사 활동에 중요한 공백을 초래했다.

시행령에 따르면, 2015년 11월 11일부로 위원회의 정원을 90명에서 120명으로 증원하도록 되어 있었다. 그에 따라 일반직 공무원도 정원이 36명에서 48명으로 증가했으나, 실제로 정부기관은 단 한 명도 추가 파견하지 않았다.

무분별한
예산 축소

2015년 초 세월호특조위 설립준비단은 2015년 예산 요구액을 애초에 240억 원으로 편성해 정부에 요청했습니다. 이후 시행령 제정이 지연되어 그에 따른 자연 감소분이 발생하고 사업 내용 또한 일부 조정되면서, 예산을 다시 159억 원으로 줄여 신청했습니다. 하지만 정부는 70억 원이나 감액한 89억 원(56퍼센트)을 8월 4일에 지급하기로 국무회의에서 의결했습니다. 이는 특조위가 원활히 활동하기에는 크게 부족한 액수였습니다. 참사의 진상규명에는 적극적인 현장조사가 필수적인데 여비가 87퍼센트나 삭감되면서 현장에 가는 것 자체가 부담스러운 일이 되어버린 것입니다.

디지털 포렌식 등 정밀과학조사 예산은 3분의 1로 줄어들어, 과학적인 조사 기법을 활용하기 어렵게 되었습니다. 이후 실제 필요한 조사 활동이라도 예산 제약으로 축소되거나 취소된 경우도 많았습니다. 이처럼 정부가 진상 규명에 필요한 예산뿐 아니라 안전 사회 건설, 피해자 지원 활동에 필요한 사업비마저 69퍼센트나 삭감함으로써 3분의 1 이하로 줄인 것은 대단히 무책임한 결정이었습니다.

정부는 2016년 예산안을 국회에 제출하면서, 세월호특조위의 예산으로 61억 7000만 원을 배정했는데, 이는 특조위 요구액의 2016년 상반기분까지만 배정한 것이었습니다. 정부는 2016년 예산 배정 시점에서 이미 2016년 하반기 특조위의 활동 자체를 인정하지 않으려는 의도를 보여주었습니다.

또 인양 선체 정밀조사 사업으로 신청한 48억 8000만 원은 전액 삭감되었습니다. 이에 대해 정부는 해양수산부가 편성한 선체관리 명목의 예산과 겹치기 때문이라고 주장했습니다. 하지만 세월호 선체는 특조위의 중요한 조사 대상인데, 특조위에 인양 선체 정밀조사 예산을 배정하지 않은 것은 선체 인양에 특조위가 개입할 여지를 처음부터 없앤 것이었습니다.

이러한 사정을 감안해 2015년 11월 24일 국회 농림축산식품해양수산위원회는 특조위의 2016년 예산을 122억 4000만 원으로 의결했는데, 이는 당초의 정부안 61억 7000만 원보다 62억 원 가까이 증액된 것이었습니다. 가장 첨예하게 대립했던 '인양 선체 정밀조사' 항목도 전액 삭감된 48억 8000만 원 중 19억 9000만 원이 위원회 예산으로 반영되었습니다. 하지만 12월 3일 국회 본회의 처리 과정에서 상임위원회에서 여야가 합의한 증액분이 반영되지 않은 채 당초 정부의 예산 배정액이 원안대로 통과되고 말았습니다.

뒤늦은 위원 임명
그리고 인력 공백

세월호특별법 부칙은 2015년 1월 1일부터 법을 시행하고, 위원 임기도 법 시행일에 시작하는 것으로 규정하고 있습니다. 따라서 위원 임명이 신속히 이루어져야 했으나, 상임위원들은 임기 시작일에서 두 달여가 지난 3월 5일에야 임명장을 받을 수 있었습니다. 위원들과 조사 활동을 진행할 조사 인력은 7월 27일이 되어서야 채용할 수 있었습니다.

임명장을 받기 전인 2015년 1월부터 3월 초까지 위원들은 공무원으로서 할 수 있는 일이 전혀 없었고, 심지어 특조위가 제대로 기능하기 위해 필요한 조사 인력은 7월 말에야 입사했음에도 불구하고, 박근혜 정부는 위원의 임기 규정을 들어 특조위가 1월 1일에 시작되었다고 주장하며 조기 해산했습니다.

진상규명국장은 조사1, 조사2, 조사3과를 지휘하면서 진상규명 소위원장을 보좌하는 최고 실무 책임자이자, 별정직 직원 중 최고

위직에 해당하는 핵심 보직입니다. 그리고 직위가 고위공무원단에 속하기 때문에 세월호특별법에 따라 대통령이 임명하도록 규정되어 있습니다.

특조위는 진상규명국장 선발을 위해 2015년 8월 7일부터 8월 17일까지 채용 공고를 하고, 8월 20일 응시자 면접을 거쳐, 9월 8일 인사혁신처의 역량평가를 받고, 이후 청와대의 인사 검증까지 완료했습니다. 2015년 11월 17일에는 인사혁신처로부터 '고위공무원 임용심사위원회 검증 통과'까지 통보받았습니다. 즉 임용을 위한 모든 절차를 마친 상태였습니다. 하지만 특조위의 활동이 종료될 때까지 청와대에서는 진상규명국장 임명을 거부했습니다. 그 결과 조사의 핵심 실무 책임자가 특조위의 활동 기간 내내 빈자리로 남게 되었습니다.

시행령에 따르면, 2015년 11월 11일부로 세월호특조위의 정원은 90명에서 120명으로 증원되도록 정해져 있습니다. 이는 일반직 공무원에도 해당되어 정원이 36명에서 48명으로 증가했으나, 실제로 파견된 인원은 한 명도 없었습니다. 결국 2016년 6월 30일 기준으로 파견 공무원의 수는 29명에 불과했고, 이는 정원 대비 60퍼센트에 불과한 수치였습니다. 정원이 120명이라고 규정만 했을 뿐이지 실제로 최대 현원이 100명을 넘은 적이 없었습니다. 그 결과 인원이 부족해, 조사에 집중해야 할 별정직 조사관들이 조사와는 무관한 행정 업무와 서류 업무 처리에 시간을 소요하는 어려움을 겪어야 했습니다.

조사 거부와
업무방해 사례

    세월호특조위가 박근혜 대통령의 참사 당일 행적 조사와 관련해 서울중앙지방검찰청을 찾아, 산케이신문 전 서울지국장의 '대통령 명예훼손사건 수사 및 재판기록'을 확보하려 했으나, 서울중앙지방검찰청은 실지조사를 거부했다.

    해경 본청에 참사 당시 TRS 음성 녹음 파일이 100만 개 이상 존재한다는 것을 확인하고, 2016년 5월 27일 관련 교신 음성 저장 장치 일체를 제출받기 위해 실지조사를 실시했으나, 해경 측은 협조하지 않았다.

    세월호특조위가 언론 보도의 공정성과 적정성을 조사하기 위해 MBC 경영진에게 출석을 요구했고, MBC 측이 이에 불응하자 동행명령장을 발부했다. 하지만 MBC 측이 집행을 거부하고 회피하는 바람에 결국 동행명령장을 집행하지 못했다.

해양수산부는 세월호특조위가 자료를 요청하면 선별적으로 응하거나 몇 개월이 지나서야 제출하는 등 비협조적이었고, 수중 선체 조사를 위해 사전 협조를 요청했을 때도 상하이샐비지의 반대를 이유로 들어 협조하지 않았다. 특조위와 유가족이 '선체 인양 작업 과정 현장 모니터링'에 참여하겠다고 협조를 요청했을 때도 끝내 수용하지 않았다.

세월호 보안측정을 담당했던 국정원 정보관에 대한 조사를 요청했을 때, 국정원은 정한 시간과 장소에서 대면조사에 응하겠다고 공문으로 회신했지만, 최종적으로 응하지 않았다.

세월호특조위는 청와대와 국무총리실에도 자료 협조를 요청했으나 아무것도 제공받지 못했다.

세월호특조위 본연의 업무는 참사의 진상 규명 활동이며, 국가기관 등은 조사 요구에 적극 협조해야 할 의무 또한 특별법 제39조에[31] 규정되어 있습니다. 하지만 조사 과정에서 조사에 적극적으로 협조한 경우는 거의 없었다고 할 정도로 국가기관 등이 특조위의 조사를 방해한 사례는 비일비재했습니다.

예를 들어 해경 123정을 조사하기 위해 조사 대상자들을 소환했을 때, 이들은 업무 때문에 출석할 수 없다고 하면서 조사관들이 해경 사무실로 오면 조사받겠다는 식으로 여러 차례 소환에 불응해,

---

31 세월호특별법(세월호진상규명법) 제39조: (국가기관 등의 협조 의무) 국가기관 등은 위원회의 진상 규명을 위한 업무 수행에 적극 협조하여야 한다.

한 사람을 조사하는 데도 많은 어려움을 겪었습니다. 또 조사에 필요한 자료를 제출할 것을 요청하면 제때 보내오는 경우가 거의 없었고, 납득할 수 없는 이유를 들어 계속 거부했습니다.

2016년 6월 8일 세월호특조위는 대통령과 관련된 의혹을 보도한 산케이신문 전 서울지국장 사건에 대한 수사 및 재판 기록 제출을 요청하기 위해 서울중앙지방검찰청을 찾아가 실지조사를 실시했습니다. 특조위가 실지조사를 실시한 이유는 해당 자료가 위원회에 접수된 '청와대 등의 참사 대응 관련 업무 적정성 등에 관한 건' 같은 조사 요구 등 여러 사건을 조사하는 데 필요한 자료라고 판단했기 때문입니다. 하지만 결국 자료를 받지 못했습니다. 위원회는 이 자료를 제출받기 위해 검찰 측과 사전 논의를 타진했으나 거부당했고, 실지조사를 나갔을 때도 검찰은 특별법상에서 인정되는 조사 대상지가 아니라는 이유로 출입부터 거부했습니다.

또 특조위는 해경 본청에 참사 당시 TRS 음성 녹음 파일이 100만 개 이상 존재한다는 것을 확인하고, 2016년 5월 27일 관련 교신 음성 저장 장치 일체를 제출받기 위해 실지조사를 실시했으나, 해경 측이 조사에 협조하지 않았습니다. 그러자 조사관들이 현장에서 밤샘 당직을 서면서 계속 대기했고, 6월 1일 권영빈 진상규명소위원장과 이춘재 당시 해경 안전조정관이 자료 제공을 위한 협의를 진행한 끝에 국가 안보에 관한 부분을 제외한 자료를 특조위에 제출하기로 합의했습니다. 하지만 제출받은 자료는 전체의 0.7퍼센트가량인 파일 7000개 정도에 불과했습니다. 그것도 정부가 특조위의 조사 활동이 종료되었다고 주장하는 7월 1일 이후에는 제출 자체를 중지해버렸습니다.

출석 요구에 아예 불응하는 사례도 발생했습니다. 특조위가 언론 보도의 공정성과 적정성을 조사하기 위해 MBC 경영진에게 출석을 요구했으나 MBC 측이 불응했고, 두 차례 이상 거부한 이상 동행명령장을 발부했습니다. MBC 측이 집행을 거부하거나 회피하면서 동행명령장 자체를 다시 발부받는 상황도 벌어졌습니다.

정부의 주무 부처인 해양수산부는, 특조위가 2015년 8월경부터 '세월호 인양 업체 선정을 위한 입찰 정보, 계약서와 부속합의서, 사업수행계획서 등 계약 정보'에 대한 자료를 요청했으나 인양 업체의 영업상 비밀을 누설할 우려가 있다며 계속 거부하다가 2016년 3월경 2차 청문회 시점이 되어서야 일부 자료를 제공했습니다. 2016년 6월 30일 이후에는 특조위의 활동 기간이 종료되었다는 이유로 자료 요청을 아예 무시했습니다.

또 특조위와 유가족이 '선체 인양 작업 과정 현장 모니터링'에 참여하겠다고 지속적으로 업무 협조를 요청했으나 끝내 수용하지 않았습니다. 그 때문에 유가족은 참사 현장 인근인 동거차도에 야외 망루를 설치하고 망원경으로 인양 작업 과정을 살펴야 했습니다.

2015년 11월 18일부터 22일까지 '특조위의 수중 선체 촬영을 위한 실지조사'를 하겠다고 사전 협조를 요청했을 때도 해양수산부는 두 달여에 걸쳐 수차례 비공식 합의를 번복했습니다. 특조위는 안전 문제와 선체 조사 예산의 제약 때문에 해양수산부의 협조가 꼭 필요한 상황이었습니다. 해양수산부는 상하이샐비지의 바지선과 잠수 장비 일부를 이용하는 문제를 처리할 때도 수차례 입장을 번복하더니 최종적으로 상하이샐비지의 반대를 이유로 들어 협조할 수 없다고 통보해왔습니다.

국정원 역시 조사에 최종적으로 응하지 않았습니다. 국정원은 자신들이 시간과 장소를 정해 세월호의 보안측정을 담당한 국정원 정보관이 대면조사에 응하도록 하겠다고 공문으로 회신해놓고, 2016년 5월경이 되자 특조위의 조사 종료를 앞두고 업무 전화조차 받지 않는 등 위원회의 조사를 노골적으로 거부했습니다.

청와대와 국무총리실에도 조사에 필요한 자료를 요청했으나 아무것도 제공받지 못했습니다. 정홍원 전 국무총리가 2014년 5월 국회 본회의 긴급현안질의에서 '국가정보원이 사고 당시 세월호 선원으로부터 직접 전화로 사고 사실을 보고받은 것으로 알고 있다'고 답변한 바 있어, 특조위는 국무총리실에 정 전 총리가 당시 답변에 참조한 자료를 제공해달라고 공문을 보냈습니다. 국무총리실에서는 처음에는 '관련 자료가 공식 문서가 아니어서 제공할 수 없다'고 하다가 '자료를 제공하는 것은 어렵고 열람만 가능하다'고

말을 바꾸었고, 나중에는 국무총리실에 파견된 해양수산부 공무원
이 특조위 사무실을 직접 방문했습니다. 하지만 정작 중요한 국무
총리의 세월호 답변 참조 자료는 빼고 엉뚱한 자료를 들고 와서 '죄
송하다. 입장을 이해해주기 바란다'며 끝내 조사에 협조하지 않았
습니다.

3차 청문회에 대한
정부의 공공연한 방해

　　　　　　　　세월호특조위의 3차 청문회는 정부가 예산
을 지급하지 않고 조사 거부로 방해하는 속에서 진행되었습니다.

3차 청문회를[32] 준비하는 과정에서 해양수산부는 2016년 8월 23
일 보도자료를 통해 "세월호특조위가 지난 2016년 6월 30일 조사
활동 기간이 종료되었으므로 청문회를 개최할 수 없다"는 입장을
밝히면서, "증인 · 감정인 · 참고인이 출석하는 청문회는 명백한 조
사 활동으로, 조사 활동 기간 내에 시행해야 한다" "특조위 조사 활
동 기간은 이미 종료되었으며, '종합보고서와 백서의 작성 · 발간'
을 위한 기간(7.1.~9.30.)에 청문회를 개최하는 것은 법적 근거가 없
다"고 주장했습니다. 이에 맞서 특조위는 "정부가 해양수산부를 앞
장세워 합법적 청문회를 불법적인 것으로 낙인찍음으로써 증인들

---

32 2016년 9월 1일과 2일 이틀간 연세대 김대중도서관에서 열렸다.

국가의
조직적인 조사 방해

의 청문회 불출석을 부추기고 선동하려는 것이 아닌지 심히 의심하게 만든다"고 비판했습니다. 상황이 이렇다 보니 증인으로 출석할 것을 요구받은 정부 측 관계자들이 청문회에 대거 불참했습니다. 증인 38명 중 불과 8명이, 참고인 29명 중에는 23명이 출석했습니다.

청문회를 열 장소를 섭외하는 과정에서도 문제가 발생했습니다. 당초 특조위는 사립학교교직원연금공단(사학연금공단)의 사학연금회관 강당을 청문회 장소로 사용하기로 하고, 8월 5일 사학연금공단이 정한 대관 절차에 따라 대관 신청을 해서 9일 사용 승인을 받았으며, 10일에 사용료 전액을 납부함으로써 대관을 위한 절차를 끝마쳤습니다. 하지만 다음날인 11일 사학연금공단 측은 돌연 '공단 본부에서 청문회 대관 승인에 대해 말이 많다' '부득이 대관을 취소할 수밖에 없다'고 연락을 취해왔습니다. 이 과정에서 '교육부 →사립학교교직원연금공단→사립학교교직원연금공단 서울회관' 식으로 압력이 행사된 정황이 포착되었습니다.

해양수산부의
조직적 대응 매뉴얼 발각

해양수산부는 '청와대 등의 참사 대응 관련 업무 적정성에 관한 건' 안건이 특조위 내부에서 의결되는 것을 막기 위해 조직적 대응 지침 문건을 만들었다. 그 후 문건에서 제시한 대로, 2015년 11월 23일 세월호특조위 전원위원회에서 그 안건을 의결하려 할 때 새누리당 추천 위원들이 집단 퇴장하면서 항의 기자 회견을 열었다. 그 후 여당 국회의원이 전원위원회 속기록을 제출할 것을 요구하고, 여당 추천 부위원장이 언론 인터뷰에 나와 특조위를 비판하는 등 파동이 이어졌다.

2015년 11월 19일 the300은 '해양수산부 '세월호특조위, BH 조사시 여 위원 사퇴 표명'… '대응 방안' 문건'이라는 제목의 기사를 단독 보도했습니다. 기사에 따르면 해양수산부는 '세월호 특조위 관련 현안 대응 방안'이라는 문건을 작성해, 특조위가 세월호 참사 당시 대통령의 직무 적정성에 대해 조사하는 것을 막기 위해 특조위 내 여당 추천 위원들이 전원 사퇴를 표명하고, 항의 기자회견을 열도록 하는 등 지침을 마련했습니다. 문건에는 여당 국회의원들이 특조위에 회의록을 제출하라고 요청하고, 필요하면 특조위의 운영을 비판하는 성명서를 발표하라는 내용도 포함되어 있었습니다. 더 나아가, 해양수산부와 특조위 여당 추천 위원 간의 협조·소통 채널을 강화하고, 특조위 내에서는 부위원장과 여당 추천 위원, 파견 공무원 간에 소통을 강화하라는 내용까지 담겨 있었습니다.

해양수산부는 문건의 실체를 인정하지 않았으나, 기사가 나온 바로 그 시각 여당 추천 위원들은 국회 정론관에서 기자회견을 열

국가의
조직적인 조사 방해

고 있었습니다. 또 그들은 안건 의결을 위한 전원위원회 회의 도중 사퇴를 표명하며 퇴장하기도 했습니다.

이후 이 문건이 특조위에 파견된 해양수산부 공무원에 의해 작성된 경위가 드러났으나[33] 해양수산부는 자체 징계를 하지 않았고, 감사원 같은 정부기관이 사실 조사에 나선 적도 없습니다. 다만 문건의 내용과 성격으로 보아 해양수산부가 독자적으로 수행한 것이 아님은 분명해 보입니다.

이는 조사 대상인 해양수산부가 조사 주체인 특조위의 조사 활동을 방해하기 위해 사전 모의하고 행동 계획을 짠 것으로 판단됩니다. 이 문건 파동은 정부가 특조위의 조사 활동을 얼마나 집요하게 방해하고 음해했는지를 단적으로 보여주는 사건이라 할 수 있습니다.

---

33 문건 작성자가 해양수산부 실장임을 확인한 기사가 추후 보도되었다. 뉴스타파 2015.12.17. '청와대 발 '특조위 무력화'… 이젠 해체 수순?'

세월호특조위
강제 종료와 해산

　　정부는 특조위의 조사 활동 기간인 1년 6개월의 기산 시점을 법이 시행된 2015년 1월 1일로 해석해 2016년 6월 30일 일방적으로 특조위의 활동 기간이 끝났다고 선언하고 강제 해산했다.

　　정부는 2015년 1월 1일부터 조사 활동이 시작되었다고 주장하나, 실제 예산과 인력이 편성된 시점은 7개월이 경과한 2015년 8월 4일과 7월 27일이었다. 그때부터 기산하면 특조위의 실제 조사 활동 기간은 1년 6개월이 아니라 11개월도 채 되지 않는다.

　　세월호특별법 제7조 1항은 위원회가 구성을 마친 날로부터 1년 6개월 간 활동할 수 있다고 규정하고 있습니다. 특조위는 '구성을 마친 날'을 인력이 충원되고 지급 결정이 이루어져 위원회의 인적·물적 토대가 마련된 때로 보면서, 2015년 8월 4일을 위원회 구성일로 보았습니다. 반면에 정부는 위원회 구성일을 위원의 임기가 시작한 시점으로 보면서, 세월호특별법 부칙 제3조에 위원 임기는 특별법 시행일부터 시작한다고 규정하고 있으므로, 특조위도 특별법과 동일하게 2015년 1월 1일에 구성되었다고 주장했습니다.

이러한 입장에 맞춰 정부는 특조위의 조사 활동 기간이 2015년 1월 1일부터 1년 6개월이 경과하는 2016년 6월 30일에 만료되어 조사는 더 이상 불가능하고, 7월 1일부터 9월 30일까지 3개월간 종합보고서와 백서를 작성하고 발간하는 활동만 할 수 있다고 주장했습니다.

구체적으로 행정자치부는 2016년 5월 27일, 특조위에 공문을 보내 '종합보고서와 백서 발간을 위해 필요한 최소한의 정원안을 2016일 6월 3일까지 관계 부처에 제출'하라고 통보했으며, 6월 7일 기획재정부는 '보고서·백서 작성 및 발간을 위한 정원(안)을 관계 부처와 조속히 협의·확정해, 그에 따른 향후 소요 예산(안)을 2016년 6월 14일까지 제출'하라고 통보했습니다. 또 6월 9일에는 해양수산부가 '종합보고서와 백서의 작성·발간 등에 필요한 정원안을 2016년 6월 14일까지 제출'하라고 공문을 보내오기도 했습니다.

곧바로 특조위는 종합보고서와 백서를 작성, 발간하는 일은 2017년 2월 4일부터 5월 3일까지로 계획되어 있으므로 정원을 산정하고 예산 소요안을 제출할 시기가 되지 않았다는 분명한 입장을 담은 공문을 2016년 6월 3일 행정자치부에, 6월 13일 기획재정부에 각각 발송했습니다. 그리고 해양수산부의 공문에 대해서는, 해당 문서를 시행한 세월호인양추진단이 특조위의 조사 활동 기간을 언급하며 '종합보고서와 백서의 작성·발간 등에 필요한 정원' 제출을 요구한 것 자체가 업무 범위를 넘어선 것이니 공식 사과할 것을 요구했습니다.

정부는 세월호특별법 해석에 1차적 권한이 있는 특조위의 의견을 들어보려 하지 않고, 6월 21일 해양수산부를 통해 '1. 종합보고서 및 백서 작성·발간 인력, 2. 청산 인력 및 추가로, 3. 선체 조사 인원(10명)을 반영해 67명(별정직 50, 일반·특정직 17)의 인력을 배정한다'는 내용의 공문을 일방적으로 발송했습니다.

뒤이어 기획재정부는 6월 24일에 공문을 발송해 해양수산부가 통보한 종합보고서·백서 작성 기간(2016년 7월 1일~9월 30일)을 위한 소요 인원(72명)에 따라, 해당 기간 중 필요한 소요 예산을 6월 29일까지 제출해달라고 요구했습니다. 그러자 특조위는 6월 28일 공문을 보내 '해양수산부의 행위야말로 업무(기능) 범위를 넘은 것이자 법령을 무시한 것'이며, 기획재정부가 지급해야 할 것은 '2016년 하반기 예산'이라는 점을 다시 한 번 밝혔습니다. 답변으로, 기획재정부는 '사업비는 세월호특조위 활동을 위해 편성된 만큼, 조사 활동 만료(2016년 6월 30일)에 따라 2016년 7월 1일 이후에는 집행할 수 없다'고 규정하면서 '인건비 및 기본경비는 해양수산부가 산정한 인력조정(안)을 감안해서, 보고서·백서 발간을 위한 활동에 한정해 집행'하라는 공문을 6월 30일에 보내왔습니다.

2016년 7월 이후 특조위는 조사 활동을 위한 예산을 전혀 사용할 수 없는 상태에 빠지게 되었습니다.

한편 이 과정에서 정부는 파견 공무원에 대한 특조위의 요청권도 완전히 무시했습니다. 공무원 임용규칙에 따르면 '공무원 파견은 파견받을 기관의 장이 미리 요청'하도록 규정하고, 세월호특별법 제21조도 '위원장이 필요하다고 인정하는 경우 공무원 파견을 요청'할 수 있다고 규정하고 있습니다.

특조위는 2016년 6월 7일 공무원들의 원 소속 기관에 파견 기간을 연장하거나 신규로 파견해달라는 공문을 보냈고, 특히 행정지원실장과 안전사회과장은 교체할 것이라고 밝혔습니다. 그럼에도 각 부처는 해양수산부가 일방적으로 정한 공무원 17명을 제외하고 남은 인원을 일방적으로 복귀시켰고, 막상 교체를 요청한 행정지원실장과 안전사회과장의 경우에는 특조위의 의사에 반해 파견을 연장하는 조치를 내렸습니다.

이처럼 활동 종료를 앞두고 2016년 6월 해양수산부와 안전행정부, 기획재정부가 벌인 공문서 대응은 나름 주도면밀하고 일사분란했습니다. 김영한 전 청와대 민정수석의 업무수첩을 보면 청와대가 공문서 대응의 연출에도 충분한 활약을 했으리라 유추하는 것이 어렵지 않습니다.

박근혜 정부는 법적으로도 논란의 여지가 있는 특조위 해산 절차를 이렇게 일사천리로 밀어붙였습니다.

국가의
조직적인 조사 방해

세월호 참사 수사에
압력을 넣은
청와대

2017년 3월 3일 한겨레는 '김진태 검찰총장 '세월호 해경수사팀 해체하라' 압력 의혹' 기사에서 다음과 같은 내용을 보도했다:

박영수 특별검사팀은 청와대의 '광주지방검찰청 세월호 수사 외압' 의혹에 대해 당시 김진태 검찰총장이 변찬우 광주지방검찰청장에게 전화를 걸어 세월호 해경수사팀을 해체하라고 압력을 넣었다는 수사팀 관계자의 진술을 확보했다. 특검팀은 2014년 6월 4일 지방선거를 앞두고 선거에 영향을 미칠 것을 우려한 청와대가 당시 검찰총장까지 동원해 수사팀에 압력을 넣은 것으로 잠정 판단했다.

같은 시기에 청와대 민정비서관 우병우도 세월호 참사 수사를 담당하던 광주지방검찰청 윤대진 수사팀장에게 전화를 걸어 2014년 5월 '지방선거 이후로 수사를 미루라'는 압력을 행사했다.

우병우는 지방선거 다음날인 2014년 6월 5일 이루어진 해경 본청 압수수색 때에도 수사팀에 직접 전화를 걸어, 청와대와 해경 사이에 주고받은 모든 통신 내역과 자료가 보관된 '상황실 서버'에 대한 압수수색을 중단하라고 요구했다.

2014년 7월 초 광주지방검찰청이 해경 123정장에 대해 업무상 과실치사 혐의로 처벌하겠다며 대검찰청을 통해 법무부에 보고했을 때, 법무부가 '보완이 필요하다'며 이를 막았다는 진술도 확보했다.

박영수 특검은 당시 세월호 수사팀 관계자들의 진술을 통해, 청와대가 검찰총장과 청와대 민정수석실을 동원해 세월호 수사팀에 전 방위적 압박에 나선 것으로 판단했다.

청와대는 세월호 참사 직후 당시 김진태 검찰총장 등 검찰 지휘부와 민정수석실을 동원해 광주지방검찰청이 관할하던 세월호 참사 관련자 수사를 비틀었습니다. 수사 대상을 축소하도록 하거나 수사 진행을 막으면서 '수사 시기를 2014년 6월 4일 지방선거 이후로 미루라'고 압력을 넣었다는 사실이 최근 박영수 특검의 언론 인터뷰를 통해 공개되었습니다. 우병우 청와대 전 민정수석이(당시 민정비서관) 세월호 참사 수사팀장 윤대진 검사에게 같은 목적으로 압력을 넣은 사실도 확인되었습니다.

수사 압력의 포인트는 대통령과 정부의 책임이 제기되는 증거를 검찰 수사 과정에 남기지 말라는 것, 그리고 해경 지휘 라인이 사법 처리되어서는 안 된다는 방침이었습니다. 우선, 청와대와 해경 사이에 주고받은 모든 통신 내역과 자료가 보관된 해경 본청의 '상황실 서버'를 압수수색 하는 것을 중단하라고 했습니다. 아울러 '목포해경(상황실)→서해청→해경 본청'으로 이어지는 해경 지휘 라인에 대한 수사를 아예 차단했습니다. 그 결과 참사 당일 사고 현장에 출동한 123정장만 겨우 기소되었습니다. 그것도 광주지방검찰청 수사검사들이 옷 벗을 각오로 저항한 결과였습니다.

우 전 수석과 김 전 총장은 모두 수사 시기를 지방선거 이후로 늦추라고 했습니다. 하지만 세월호 수사에 압력을 넣은 목적이 과연 지방선거에만 있었는지에 대해서는 의문이 남습니다. 청와대와 검찰 수뇌부가 123정장의 기소조차 막으려 한 것을 보면 수사 개입의 목적은 훨씬 더 깊은 곳을 향해 있었다고 보입니다.

변찬우 광주지방검찰청장은 청와대와 검찰 지휘부의 외압에도 결국 123정장을 기소했습니다. 그 후 차기 인사에서 변지검장을 포함한 광주지방검찰청의 핵심 수사 인력이 좌천 인사를 당한 것으로 알려졌습니다.

123정장 한 사람만을 기소하는 데도 어려움을 겪었던 세월호 검찰 수사의 결과를 한마디로 정의하기는 어렵습니다. 다만 법원조차도 기소되지 않은 해경 지휘부의 책임을 부인할 수는 없었습니다. 123정장 재판에서 법원은 하급 지휘자인 123정장 한 사람에게 만 세월호 희생자 304명에 대한 업무상 과실치사 책임을 지우는 것은 부적절하다며 감형 사유로 해경 지휘부의 책임을 지적했습니다. 하지만 박근혜 정부하에서 당시 해경 지휘부는 아무도 수사를 받지 않았습니다. 오히려 공을 인정받아 승진하기도 했습니다.

청와대가 세월호 수사에 압력을 넣은 목적은 분명합니다. 일차적으로 해경 지휘부와 123정장이 구조 실패에 책임을 지고 형사처벌 대상이 될 경우 '참사에 대한 정부 책임론'이 국민 사이에 번질 것을 우려했을 것입니다. 무엇보다 청와대의 참사 대응과 대통령의 당일 행적에 대한 의혹과 불신이 확산되는 것이 두려웠을 것입니다.

박근혜 대통령에게 세월호 참사가 아킬레스건이었던 것은 익히 알려진 사실이 되었습니다. 어처구니없게도 헌법재판소의 박근혜 대통령 탄핵 심판에서 대통령 측 대리인단이 '세월호 참사 때 해경 지휘부도 형사처벌을 받지 않았는데, 대통령에게 법적 책임을 묻는 것은 명백히 부당하다'고 소명한 바 있습니다. 교묘한 회전문 논리입니다. 수사 단계에서 부정한 권력을 이용해 관할 검찰에 압력을 넣음으로써 해경 지휘부에 대한 수사와 기소를 막아놓곤, 이제 와서 해경 지휘부도 처벌받지 않았는데 하물며 대통령에게 책임을 물을 수 있느냐고 항변한 것입니다.

국가가 세월호 참사의 진상 규명 활동을 조직적으로 방해하고 끝내 협조하지 않은 흔적은 세월호 참사의 진실이 아직 많은 부분 가려져 있다는 심증을 갖게 합니다. 청와대는 왜, 무엇을 위해 세월호 참사를 집요하게 추적했는지, 박근혜 대통령의 탄핵 정국에서 드러난 세월호의 진실 조각들은 세월호 참사와 어떤 관계가 있는지, 그동안 숨기고, 개입하고, 조사를 방해한 행위들이 개별적이고 우연한 것이었는지 등 아직 밝혀지지 않은 진실에 대해 우리는 계속 질문하면서 헤쳐 나가야 합니다.

세월호와 국정원

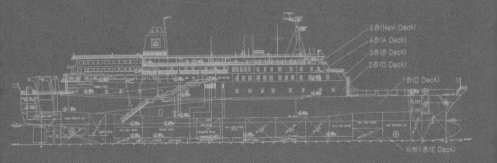

5층(Navi Deck)
4층(A Deck)
3층(B Deck)
2층(C Deck)
1층(D Deck)

지하1층(E Deck)

검찰은 2014년 10월 6일 세월호 참사 수사 결과를 발표하면서 국정원이 세월호의 실소유주라는 청해진해운 관련설은 사실 무근이라고 밝혔다. 의혹의 근거가 되었던 세월호 사무장 양대홍(2014년 5월 15일 시신 발견)의 노트북 내용에 대해서는 "국정원은 국가정보원법이나 보안업무규정 등 관련 법령에 근거해 '국가보호장비' 지정 업무를 수행했을 뿐"이라고 발표했다. 씨스타크루즈호 등 다른 1000톤급 여객선에서와 마찬가지로 세월호에서도 국정원이 국가보호장비 지정을 위해 보안측정을 실시한 것이라며, 국정원이 세월호의 증개축과 도입, 운영에 관여했다는 의혹 일체를 부정했다.

하지만 검찰의 발표 내용은 국정원에 대한 의혹을 증폭시켰다. 양사무장의 업무용 노트북에서 '국정원 지적 사항' 문건이 발견된 점, 세월호 같은 청해진해운 소속의 배만 '해상사고 보고계통도'에 국정원을 1차 보고 대상으로 넣은 점, 참사가 발생한 현장에서 세월호 선원이 국정원에 유선보고를 한 점 등 국정원이 세월호 참사에 관련된 것은 의혹이 아니라 명백한 사실로 보인다. 그리고 국정원이 참사를 언제, 어떤 통로로 인지했는지, 이후 검찰 수사와 여론 조작 공작에 어느 선까지 개입했는지에 대해서도 조사가 시급하다.

세월호 노트북에서 발견된

'국정원 지적 사항'

2014년 6월 24일 세월호 선내를 수색하는 과정에서 여객부 사무장 양대홍이 사용한 노트북이 발견되었고, 7월 25일 노트북에서 '국정원 지적 사항' 문건이 나왔다.

'선내 여객 구역 작업 예정 사항'이라는 제목이 붙어 있고 2013년 2월 27일에 최종 수정된 문건이었다. 문건에는 '천장 칸막이 및 도색 작업' '자판기 설치' '해양안전수칙 CD 준비' '침대 등 등 기구 교체' '화장실 휴지, 물비누 보충' 등 여객 구역의 상세한 작업 지시 내용이 적혀 있었다. 더 나아가 '3월 휴가 계획서 작성 제출(사무부/조리부)' '2월 선용품 사용 현황 제출(사무부/조리부)' '2월 작업수당 보고서' 등 직원 복지와 관련한 보고와 계획이 포함된 것을 보더라도 국정원의 해명처럼 보안측정의 점검 사항이라 하기는 어렵다. 배 소유자가 관심을 갖거나 관리하는 사항을 포괄적으로 보고·점검하는 내용이 대다수이기 때문이다.

사무장 노트북에서 발견된
국정원 관련 문서
'국정원 지적 사항'
출처: SBS '그것이 알고 싶다'
화면 캡처

질문1 세월호와 국정원

2014년 8월 국정원도 국회 답변 자료를 통해 '국정원 지적 사항' 문건은 양대홍이 사용하던 노트북에서 나온 자료라고 밝혔다. 더 나아가, 양대홍이 2013년 3월 15일 세월호 보안담당자로 임명된 뒤, 세월호 도입부터 세월호 증개축, 선실 내부 인테리어 등 수리 과정에 이르기까지 주도적으로 업무를 수행했으며, 청해진해운 해무팀에서 지시한 세월호 작업 내용을 본인이 진행하던 작업 내용으로 수시로 업데이트했다고 설명했다. 이러한 업무를 담당하던 양사무장이 2013년 2월 26일부터 27일까지 국정원과 인천지방해양항만청 등 유관 기관에서 세월호를 방문했을 때 안내를 맡으면서, 참석자들이 구두로 설명한 것을 메모했다가 '선내 여객 구역 작업 예정 사항'에 첨가해 작성 보관했다는 것이었다.

2014년 10월 6일 대검찰청도 이례적으로 보도자료를 내면서 "7·25 세월호 노트북 복구 자료의 국정원 지적 사항 파일 관련해, 국정원은 국가정보원법과 보안업무규정 등 관련 법령에 근거한 국가보호장비 지정 업무를 수행한 것일 뿐"이라고 발표했다.

:진상 조사 내용

국정원은 99개 지적 사항 중 15~18번 지적 사항만 국정원의 '보안측정 필요 사항으로 언급한 바 있다'고 했으나, 청해진해운 내부 공문서를 통해 확인한 결과 '국정원 지적 사항' 중 국정원이 주관한 보안측정에서 지적된 항목만 해도 16개항이나 되었다.

국정원과 청해진해운 간의 미묘한 관계는 인천과 제주를 자주 왕복하는 화물기사들 사이에서는 익히 알려진 사실이라는 진술도 있었다. 화물기사 김동수 씨는 세월호특조위 청문회에 출석해 "세월호가 처음 와서 바로 출항을 안 해서 화물기사들 사이에서는 국정원에서 그 배의 쓰레기통, 전등, 페인트칠까지 모든 것을 관리하고 있어서 출항이 늦어지고 있다는 말이 있었다"고 증언했다.

사고가 발생하기 한 달 전에는, 국정원 직원들이 늘 사용하던 세월호 특실이 아닌 선원실에 머무른 적이 있으며, 이에 대해 사무장 양대홍이 다른 선원들에게 불만을 토로하기도 했다. 또 청해진해운 내부 공문과 결재 서류를 분석한 결과 '국정원 정기 모임 참석' 같은 기록이 나왔다. 이를 통해 청해진해운이 국정원과 참사 이전 3년간 최소 12차례 이상 모임을 가지면서 국정원 직원들을 접대했음을 알 수 있었다.

따라서 '국정원 지적 사항' 문건은 국정원의 해명처럼 '문서 작업자인 사무장 양대홍이 국정원과 관련 없는 필요 사항을 한 문서에 섞어 작성한 결과'가 아니라, 세월호 측이 보안측정 과정에서 국정원이 요구한 세부적 사항을 이행하기 위해 관리 문서로 작성한 것으로 보인다. 앞으로 보안측정에 참여한 선원, 선사 직원, 국정원 여객터미널 출장소 직원 등을 조사해 관련 사실을 밝혀야 한다.

세월호와 오하마나호에만 보고계통도에
국정원이 등장하는 이유

국정원이 국가보호장비로 지정해 관리하는, 국내 2000톤급 이상 연안 여객선 17척 중 청해진해운 소속인 세월호와 오하마나호에만 '운항관리규정'(세월호 2013.2.25. 해경 승인)상 '해양사고 보고계통도'에 해상 사고 발생시 1차 보고 대상이 국정원 인천지부와 제주지부로 되어 있다. 2014년 2월 7일 작성된 오하마나호의 해상사고 보고계통도에는 국정원 지부 대신 '해군 2함대 상황실'이 들어가 있으나, 오하마나호 선내에 붙어 있는 해상사고 보고계통도에는 국정원이 1차 보고 대상으로 되어 있다.

하물며 청해진해운 소속의 데모크라시5호는 396톤급 소형 여객선으로 국가보호장비 지정 대상이 아닌데도 세월호처럼 해양사고 보고계통도에 국정원이 보고 대상으로 명시되어 있어 있다(2012.1. 25. 최종 수정).

: 진상 조사 내용

선사 측이 해양사고 보고계통도를 그 안에 넣어 관계기관에 제출해야 하는 문서는 두 가지이다. 국정원이 주관하는 보안측정 자료와 운항관리규정이다. 운항관리규정은 인천 해경이 주로 심사를 맡고, 보안측정은 해양수산부의 요청에 따라 국정원이 주관한다.

국정원은 세월호의 해양사고 보고계통도에 국정원이 1차 보고 대상으로 들어간 것에 대해 아는 바가 없고, 선사가 임의로 넣은 것이라고 주장했다. 하지만 민간 업체가 임의로 국정원 지부를 1차 보고 대상으로 지정하고 연락처까지 게시한다는 것은 어불성설이다.

운항관리규정상의 해양사고 보고계통도를 국정원이 몰랐다고 주장하는 것과 달리, 국정원이 심사를 주관한 세월호 보안측정 자료의 해양사고 보고계통도에도 국정원이 버젓이 등장한다.

그런데 세월호 보안측정 자료에 국정원이 등장한 시점이 미묘하다. 청해진해운의 하드디스크에서 발견된 2013년 2월 14일자로 작성된 초안에는 해양 사고가 발생하면 연락해야 하는 기관 중에 국정원이 없다. 초안에는 해양사고 보고계통도 대신 내용이 거의 유사한 '비상상황 연락기관'이라는 문서가 들어가 있다. 2013년 2월 22일자로 수정한 보안측정 자료에선 '비상상황 연락기관'이라는 제목이 '해양사고 보고계통도'로 바뀌고, 국정원 인천지부와 제주지부가 포함된다. 그때 국정원이 요구한 경비 초소 설치와 순찰을 명시한 내용도, 위성사진과 함께 보안측정 자료의 내용에 포함된다(2014년 2월 22일 세월호 여객팀장 조용준이 내부 보고한, 국정원 방문에 대한 업무보고).

질문1 세월호와 국정원

국정원은 참사를 언제 처음
알았을까

국정원은 세월호 참사를 참사 당일 오전 9시 19분 YTN 방송 보도를 통해 확인했다고 발표한 바 있다. 그러나 이는 우선 국정원이 해경 본청 상황실과 통화한 녹취록 내용을 보면 명백한 거짓임을 알 수 있다. 국정원이 해경 본청 상황실과 통화하면서 사고 원인에 대해 질문한 시각이 오전 9시 28분인데 이는 해경이 청와대에 최초 보고한 시각보다 2분 빠른 시점이다. 특히 통화 중 나오는 '사고 원인은 아직 현재 기초적인 것만 확인할 수 있나요'라는 표현은 국정원이 세월호 침몰 사실을 상당 시간 전에 인지했다는 것을 알려준다.

정홍원 국무총리는 2014년 5월 20일 국회 본회의 긴급현안질의에서 국정원의 참사 인지 시점과 관련해 "전화에 의해서 (국정원이) 사고 보고를 받았다고 돼 있고, 그 보고는 세월호에서 선원이 보고한 것으로 들었다"고 밝혔다. 한편 경향신문은 "청해진해운 측은 사고 직후인 4월 16일 오전 9시 10분쯤 국정원에 문자메시지로 사고 사실을 보고했다"고 보도했다(경향신문 2014년 5월 15일). 이를 정 전 총리의 발언과 연관 지어 살펴보면, 국정원은 세월호 선원으로부터 9시 10분 이전에 보고를 받았을 것으로 보인다.

: 진상 조사 내용

정홍원 전 국무총리가 '국정원이 세월호 선원에게서 최초 보고를 받았다'는 사실을 알게 된 경위와 진위 여부를 조사할 필요가 있다. 세월호특조위는 국무총리실이 당시 답변 자료와 참조(준비) 자료를 보관하고 있음을 확인하고 요청했으나, 국무총리실은 요청 자료를 고의로 누락하면서 제공하지 않았다. 국무총리실은 자신들이 보관하는 국회 긴급현안질의 준비 자료를 즉각 공개해야 한다.

현재까지 조사를 통해 드러난 기록만 갖고도 참사 당시 국정원 인천지부(인천여객터미널 분소)와 제주지부에 근무한 담당관, 해경 본청 상황실과 교신한 담당자 등을 특정할 수 있다. 세월호특조위 2차 청문회에 따르면, 현장에서 보고한 선원, 김재범 기획관리팀장, 김한식 사장에 이르는 라인이 현재까지 공개된 청해진해운의 보고 경로이다. 김재범이 유선 통화로 보고한 국정원 인천여객터미널 분소 직원도 특정할 수 있다.

해경 본청 상황실과의 교신에서 확인되듯이 국정원이 언론을 통해 세월호 참사를 처음 인지했다는 것은 거짓으로 밝혀졌다. 이제는 국정원이 오전 9시 28분 이전에 참사와 관련해 세월호 측에서 어떤 보고를 받았는지 내부 보고 경로를 밝히고, 해경에서도 상황 담당관 등 보고 라인에 있던 인사들을 조사해야 한다.

질문1 세월호와 국정원

세월호 참사 수사와
여론 조작에 국정원이 개입했는가

                          침몰하던 세월호에서 도주한 일등기관사
손지태는 참사 다음날인 4월 17일 오전 자신의 부인에게 카톡 메시
지를 보냈다. '오후에도 국정원 수사가 예정되어 있다'는 내용이었
다. 그렇다면 국정원이 세월호 선원을 수사했다는 것인데, 국정원이
무슨 이유로 그랬는지 조사해야 한다.

앞서 살펴보았듯이, 김영한 전 민정수석의 업무수첩 2014년 7월
8일자 기록에는 김기춘 비서실장이 참사 원인으로 제시한 일종의
수사 가이드라인이 나온다.

'1. 선장, 선원의 배반적 유기 행위, 2. 해경 초동 구조 작전의 실
패, 3. 유병언 일당의 탐욕(배 수선, 과적), 4. 청와대 보고, 그 과정의
혼선 ×, 5. 정부가 변명 ×, 실태는 똑바로 파악하고 있다.'

김기춘 비서실장은 세월호의 참사 원인을 선장과 선원, 유병언
일파 몇 사람의 잘못으로 국한해 정부의 책임을 무마하려는 시도
를 했다. 공교롭게도 이후 검찰의 수사 결과가 이에 부합한 것을 보
면, 국정원이 검찰 수사를 청와대의 의지에 조응하도록 조정하는
역할을 하지 않았느냐는 추측이 가능하다.

또 김영한 업무수첩 중 참사가 일어난 지 2개월 뒤의 기록에는
'여론 조작, 보수 집회 맞대응' 같은 내용이 나온다. 국정원이 작성해
청와대에 올린 듯한 보고로 추정된다. 그렇다면 세월호 참사와 관련

해 국정원이 여론 조작에 어느 선까지 관여했는지도 조사해야 한다.

:진상 조사 내용

자신의 휴대전화에서 '오후에도 국정원 수사가 예정되어 있다'는 내용의 메시지를 부인에게 보낸 사실이 디지털 포렌식 결과에서 나왔음에도 불구하고, 손지태는 사실을 인정하지 않고 있다. 포렌식 결과에 의하면 4월 17일 오전 9시 25경 2분 11초간 '[P] 직접 접속'으로 표기된 데이터 전송 기록이 나오는데, 그때 외부에 사진이나 동영상을 전송한 것이 국정원의 수사와 관련 있다고 추정할수 있다.

또 국정원이 세월호 참사가 일어난 지 2개월 뒤 박근혜 대통령의 지지율을 끌어올리기 위해 보수단체를 활용한 맞대응 집회와 '여론 조작'에 나서야 한다는 내용의 문건을 작성했고, 청와대 민정수석실을 통해 박대통령에게 보고한 것으로 드러났다(JTBC 뉴스룸 2016.11.16.).

국정원의 청와대 보고는 자연스레 검찰 수사의 방향으로 이어진다. 2014년 10월 6일 검찰의 세월호 관련 수사 결과 발표에도 청와대가 개입한 정황이 발견된다. 김영한 업무일지 10월 3일 기록에는 '발표문(10/6)-초동대응 미숙(정부) 용어→구체적 지적' '10월 5일 책임의 주체가 구체적으로 적시되도록(세월호 보도자료)'이라는 구절이 나온다. 실제로 10월 6일 검찰 발표 자료에는 이러한 표현이

나오지 않으나 청와대가 검찰 수사에 영향을 미쳤다는 것을 짐작할 수 있다.

박영수 특별검사팀은 청와대의 '광주지방검찰청 세월호 수사 외압' 의혹과 관련해, 당시 김진태 검찰총장이 변찬우 광주지방검찰청장에게 전화를 걸어 세월호 해경 수사팀을 해체하라고 압력을 행사를 했다는 수사팀 관계자의 진술을 확보했다. 우병우 전 수석이 해경 본청 압수수색 당시 검찰 수사팀에 압수수색을 중단하라고 요구한 정황도 드러났다.

김기춘 전 실장 또한 감사원의 세월호 관련 감사에 개입했다는 의혹을 샀다. 김영한 업무수첩 2014년 10월 8일자 기록에 '감사원 감사 결과 발표—미리 받아 검토'라는 내용이 나온다. 이와 같이 청와대가 전 방위로 정부기관의 세월호 참사 관련 수사에 개입했다는 정황이 속속들이 밝혀지고 있다.

박근혜 정부가 세월호 조사에 그토록 깊이 개입한 것 때문이라도 국정원의 세월호 관련 의혹이 커질 수밖에 없다. 세월호와 국정원 사이의 풀리지 않은 의문을 조속한 재수사로 풀어야 한다.

정부는
세월호 선체 인양을
고의로 지연했는가

5층(Navi Deck)
4층(A Deck)
3층(B Deck)
2층(C Deck)
1층(D Deck)
지하1층(E Deck)

정부는 세월호 인양을
4월 17일부터 검토했다!

세월호 인양은 언제부터 이야기되었을까. 정부는 세월호 참사 하루 뒤인 2014년 4월 17일부터 선체 인양을 검토해왔다. 하지만 정부가 인양을 공식 발표한 때는 세월호 1주기를 맞아 박근혜 대통령이 인양을 적극 검토하겠다고 밝힌 다음 며칠 뒤인 2015년 4월 22일이었다. 세월호가 침몰한 지 1년이 넘은 시점에 나온, 정확히는 371일 만의 결정이었다. 정부가 인양을 고의로 지연했다는 의혹은 그래서 나온다.

해경은 참사 다음날인 4월 17일 '진도 전복 여객선 세월호 인양 작업 계획' 문서를 작성했다. 당시 문건 작성이 알려진 것처럼 국무총리실의 지시에 따른 것이 맞는지, 그리고 실제 지시를 내린 정부 기관의 담당자는 누구인지, 무엇 때문에 그런 지시를 내렸는지 밝혀야 한다.

정작 문건을 만들어놓고도 정부는 인양을 차일피일 미루었다. 미수습자 수색 작업이 공식 종료된 2014년 11월 11일 이후 바로 인양을 서둘러야 했는데도 시간을 끌었다. 해양수산부는 민·관 합동으로 운영하는 '세월호 선체처리 기술검토 태스크포스'를 구성하고, 4개월이 넘는 활동 끝에 '기술적으로 세월호 인양이 가능하다'는 결론을 내렸다. 2015년 4월 10일의 일이었다. 해양수산부가 미수습자 수색 작업이 종료된 지 5개월 만에야 인양이 가능하다는 결론을 내린 이유는 무엇일까.

유승민 바른정당 의원(당시 새누리당 원내대표)은 2017년 3월 23일 언론과의 인터뷰에서 "2년 전 제가 원내대표에 취임하자마자(2015년 2월경) 세월호 문제를 이야기했다. 고위 당 · 정 · 청 회의에서 반드시 세월호 선체는 인양돼야 한다고 했다. 그러나 당시 정부가 세월호 문제에 대해 입 밖에 꺼내는 것조차 꺼렸다"며 당시 당과 청와대의 내부 분위기를 전했다. 당시 정부가 세월호 참사를 어떻게 인식하고 있었는지, 인양에 대해 어떤 입장을 갖고 접근했는지를 추가 조사해 실체적 진실을 밝혀야 한다.

2015년 4월 6일 박근혜 대통령이 '세월호 인양을 적극 검토하겠다'고 밝힌 이후에도 실제 인양 업체 선정은 그해 8월에야 진행되었다. 당시 청와대 민정수석이었던 김영한이 업무수첩 2014년 10월 27일자에 '세월호 인양 · 시신 인양 × 정부 책임, 부담'이라고 적은 이유는 무엇인가. 당시 청와대가 세월호 인양을 의도적으로 지연하고 방해했는지를 밝히는 것이 세월호의 진실에 다가가는 첫걸음이 될 것이다.

인양할 때 정부는 무엇을 우선적으로 고려했는가

정부가 세월호 인양을 공식 결정한 후 선체

인양의 목적을 무엇으로 설정했는지 확인하는 것이 필요하다. 인양 과정에서 고려되는 사항은 인용의 목적에 따라 달려질 것이다. 미수습자를 수습하고 온전한 형태로 선체를 보존하며, 희생자의 유품을 함께 수습하는 것이 인양의 목적일 텐데, 정부는 중요한 의사 결정 시점마다 이를 고려하고 반영했는지 검증해야 한다. 2014년 4월 17일부터 '기술검토 태스크포스'를 운영하고, 2014년 4월 말부터 11월까지 영국 TMC사의 기술 자문을 받으며(TMC의 지위는 무엇이었는가), 2015년 4월 인양을 공식 발표하고, 8월 인양 업체를 선정하고, 인양 방식에 대한 기술평가를 거치고, 본 계약을 체결하며, 상하이샐비지가 선체의 주요 부위를 절단하는 와중에(유실방지책은 무엇이었는가) 인양 방식을 바꾸며, 2017년 3월 선체 인양에 성공해 반잠수식 선박에 선적하며, 목포신항으로 옮겨 모듈 트랜스포터로 육상에 거치하기까지 선체 인양 전 과정에서 이를 확인하고 점검해야 한다. 그리고 인양 과정에서 주요 정책 담당자와 의사 결정자, 실무 담당자를 파악하고, 특히 청와대 등 상부의 지시가 있었는지, 또 그 때문에 인양 목적이 뒤바뀌거나 어긋나지 않았는지 검증하는 것이 필수적이다.

주무 부처인 해양수산부는 일방적이고 폐쇄적인 의사 결정을 해왔다. 세월호특조위와 유가족을 포함한 국민들이 선체의 부분 절단과 인양 방식, 작업 공정, 인양 일정, 미수습자 수습 계획 같은 중요 사안에 대해 지속적으로 정보공개를 요청했지만, 해양수산부는 자신들이 일방적으로 취사선택해 극히 일부의 정보만 공개했다.

그렇게 국민들이 정보에 접근하지 못하게 철저히 차단하고 공개하지 않은 사유가 무엇이었는지, 또 적절했는지도 조사해야 한다.

이제 선체조사위원회가 당시 청와대와 해양수산부와 인양추진단, 상하이샐비지, 영국 TMC사 같은 관계 기관의 기록과 문서에 아무런 제한 없이 접근함으로써, 인양 작업에서 의사 결정 과정은 어떠했는지, 책임 주체는 누구였는지, 공정 변경은 적절했는지, 해양수산부가 주장하듯이 과연 예상치 못한 사유가 있었는지 등을 충실히 검증해야 한다.

의사 결정 주체와
기록

인양 과정과 주체, 결정의 타당성 등을 살펴보기 위해서는 의사 결정 주체와 회의 기록을 먼저 확인해볼 필요가 있다. 인양과 관련한 정부 내(청와대 포함) 보고 자료 내역은 반드시 입수해서 확인해야 한다.

정부는 인양 관련 논의가 진행되던 와중에도 계속 선체를 절단하고 훼손해왔다. 이러한 과정을 결정한 주체와 과정에 참여한 이들은 누구였는지, 과정은 과연 적절했는지 살펴봐야 한다. 무엇보다 선체 절단과 훼손에 이르는 결정 과정이 유가족과 피해자, 국민들에게 공개되지 않았다. 해양수산부는 마지못해 응하는 태도로

정부는 세월호 선체 인양을
질문2 고의로 지연했는가

그 과정의 일부만 공개해왔다. 그런 해양수산부의 행태는 불신과 의혹을 키워왔다.

1073일 동안 바닷속에서 세월호는 어떤 일을 겪었는지, 인양하기까지 그렇게 시간이 오래 걸린 이유는 무엇인지 알아내려면 인양과 관련해 모든 자료를 입수해 검토해야 한다.

인양 과정에 참여한 모든 주체, 공문을 포함한 기록 일체를 확인하기

'기술검토 테스크포스' 활동을 누가 최종적으로 결정했는가

상하이샐비지와의 계약서(국문, 영문), 컨설팅 업체와의 계약서

영국 TMC사 같은 컨설팅 참여 업체의 역할과 법적 근거(지위)는 무엇이었나

해양수산부가 상하지샐비지를 관리 감독한 내용과 적절성. 이를테면 현장 접근 승인, 공정 통제

상하이샐비지에 지급한 대금 내역 전부(업체를 선정한 이후 현재까지)

상하이샐비지가 해양수산부에 제출한 자료와 보고서 등 목록

(최종)인양작업계획서를 확보할 것(특히 유실 방지 대책, 모듈 트렌스포터 동원 계획, 인양 과정에 소요되는 비용 부담의 원칙, 해양수산부의 비용 정산 기준)

세월호참사
팩트체크

예상치 못한 사유라는 게
과연 타당했는가

　　　　　　　다시 말하지만, 인양 과정에서 상하이샐비지가 선체를 절단된 행위는 과연 적절했는가. 정부는 선체 들기에 필요한 부력을 확보하기 위해 선체 일부를 불가피하게 절단했다고 하지만, 현재 기술 수준에서 부력 확보를 위한 기술에 대해 마땅히 비교 분석을 했는지 궁금하다. 동시에 구체적인 선체 파손 상황, 침몰 해역 근처에 가라앉은 구조물과 유실물의 현황, 잔존유 상황도 조사해야 한다. 그리고 2016년 6월 12일 인양 도중 선수 들기 작업을 하다가 선수를 지탱하던 와이어가 끊어지면서 세월호 선체는 심각한 손상을 입었다.

　묻으로 올라온 세월호는 왼쪽도 심각하게 훼손되어 있었다. 골조 빔 사이사이가 터진 것이다. 전문가들은 인양 과정에서 왼쪽 바닥에 설치한 33개의 리프팅 빔이 정확히 세월호의 골조 프레임bone frame of a vessel에 맞춰졌어야 했다고 지적한다. 리프팅 빔을 정확한 위치에 설치하지 못했다는 것이다. 현장의 기술 전문가들은 왜 그렇게 하지 못했을까.

　또 2017년 3월 23일 인양 과정에서 왼쪽 선미 램프를 절단한 일은 지금도 많은 의혹을 낳고 있다. 해양수산부의 발표처럼 인양 과정에서 반잠수식 선박에 걸린다는 단순한 이유일까. 대형 램프가 열려 있다는 것을 그동안 인양 점검 과정에서는 왜 몰랐는가. 해양수산부

질문2　정부는 세월호 선체 인양을 고의로 지연했는가

가 선미 램프가 열려 있다는 사실을 언제 인지했는지도 증빙 자료 (잠수 기록, 동영상, 소나촬영 영상)를 통해 반드시 확인해야 한다.

그리고 선미 램프를 절단한 후 반잠수 선박인 화이트마린호를 세월호에 접근시키지 않고, 굳이 유실 위험성이 높은 세월호를 화이트마린호가 정박한 지점으로 3킬로미터 이상 끌고 이동할 이유는 무엇이었는가. 당시 인양 과정을 마음 졸이며 지켜보던 많은 이들이 그런 궁금증을 가졌다.

현재까지 해양수산부는 상하이샐비지 등이 인양과 관련해 제출한 자료를 공개하지 않고 있다. 자기들도 상하이샐비지로부터 인양과 관련한 보고와 자료를 받지 못했다는 말은 납득하기 어렵다. 해양수산부는 더 이상 자료를 숨기지 말고 즉각 공개해야 한다.

인양 방식을 중간에 바꾼 일은 적절했는가

정부는 인양 공법으로 처음에는 잭업 방식을 적극 검토했다가, 상하이샐비지를 인양 업체로 선정한 후 부력재 방식을 채택했고, 중간에 다시 잭업 방식으로 바꾸었다. 귀한 시간이 아무런 소득 없이 흘러가는 와중에 타당한 이유 없이 인양 방식을 바꾸고, 결국 원점으로 돌아간 것에 대해 정부와 인양 업체 모두 제대로 설명하지 않고 있다.

2014년 4월 21일 해경이 작성한 '여객선 세월호 수색 및 인양 관련 쟁점' 문건에서 작업 방식이 언급된다. 당시 해경은 작업 방식의 인양을 점검하기 위해 중국에 가서 장비를 확인하기도 했다. 2015년 4월 '기술검토 태스크포스'는 세월호 선체에 93개의 인양점을 만들고 해상크레인에 연결해 들어 올린 다음 플로팅 도크floating dock를 이용해 항구로 이동하는 방식을 추천했다. 그 방식은 초기에 제안된 방식과 크게 다르지 않았다. 그런데 2015년 8월 4일 컨소시엄 형태로 인양 업체로 선정된 상하이샐비지는 부력재 인양 방식을 채택했고 그 뒤 논란이 이어졌다.

　그러다가 2016년 11월 해양수산부가 주관한 '세월호 인양 전문가 기술자문회의'에서 크레인을 활용하지 않고 재킹바지선 2대를 이용해 세월호 밑에 끼운 철제빔을 통해 배를 들어 올린 뒤 반잠수식 선박에 실어 옮기는 것으로 방식이 변경되었다. 결국 처음으로 돌아간 것이다. 도대체 이렇게 도돌이표처럼 인양 방식을 바꾼 주체는 누구인가. 또 그런 과정에서 무슨 일이 실제로 벌어졌는가.

　또 해양수산부가 2016년 4월, 그해 7월 인양 목표를 내세우며 발표한 근거는 무엇이었는지, 선체 구조 강도에 대해 조사한 내용과 판단 근거는 무엇이었는지, 세월호 선체의 무게중심과 하중 분포를 계산한 근거와 선체 하중을 계산한 값이 계속해서 변한 이유는 무엇이었는지, 육상 거치 상태에서 사용한 모듈 트랜스포터를 어떻게 기술 검증했는지도 조사해야 한다.

미수습자 수습의
적절성

　　　　　　세월호가 인양되기 전까지는 세월호특조
위 조사관이나 416세월호참사 국민조사위원회 연구원들도 선체가
얼마나 훼손되었는지, 구멍이 몇 개나 뚫렸는지 알 수 없었다. 정부가
제대로 알려주지 않았기 때문이다. 마찬가지로, 인양 과정에서 리프
팅 빔을 선체 바닥에 끼우는 도중 선체가 요동하면서 선내의 미수습
자 유해가 유실될 수 있었는데, 정부는 아무런 대책도 내놓지 않았다.
2014년 11월 미수습자 수색을 종료한 뒤 2017년 3월 선체를 인양할
때까지 유실 방지는 인양과 함께 그야말로 가장 절박한 문제였다. 미
수습자 수습이 인양의 가장 중요한 목표이자 과제이기 때문이다. 미
수습자 수습을 방해하거나 책임을 방기한 이들이 정부나 해양수산
부가 아니었는지 제대로 조사해야 한다.

　　2014년 11월 미수습자 수색을 종료할 때까지 선체의 창문이나 출입구
같은 개구부를 제대로 폐쇄해놓았는가
　　수색 종료한 이후 미수습자 유실 방지를 위해 어떤 조치를 취했는가
　　상하이샐비지는 수중조사를 함으로써 당시 어떤 선체 내부 정보를 얻
었는가
　　인양 과정에서 리프팅 빔을 선체 바닥에 끼울 당시 선체가 요동할 것
을 대비해 어떤 유실 방지 대책을 세웠는가

세월호참사
팩트체크

2014년 참사 이후 부실한 개구부에 따른 유실 가능성에 대해 어떤 판단 근거를 갖고 있었는가

세월호 선체가 부양할 당시 일어날 줄 모를 유실에 구체적으로 어떻게 대비했는가

화이트마린호에 세월호 선체를 선적할 당시 해수 유출에 따른 유실 우려에 어떻게 대비했는가

선체 조사와
조사 대상

조사 대상물을 직접 검증하는 일에서 시작해, 기술적이고 개별적인 접근 방식에서 생기는 한계를 넘어 침몰 원인을 밝히는 포괄적인 작업으로 구조화하기 위해서는 선체 조사의 기본 내용부터 탄탄해야 한다. 우선 조타기와 기관, 수밀도, 항법, 선체 강도 등을 검토할 때 선박 노후화에 따른 결함 문제까지 함께 검토해야 한다. 노후도에 따른 정비(경정비, 중정비) 회수, 제작사의 엔진 매뉴얼, 관계 법령 유무와 관리·감독 등도 조사해야 한다.

검경과 해양안전심판원이 조사에서 '과적에 따른 복원성 저하'를 지적했지만 한편으로 물량 적재는 균형 조정이 가능하다고 보는 전문가들이 많은 상황에서, 세월호의 경우는 적재 불량으로 복원성과 균형이 파괴된 것이 침몰의 핵심적인 이유가 아니었는지

정부는 세월호 선체 인양을
고의로 지연했는가

규명해야 한다. 그리고 그런 균형 파괴의 가장 큰 원인이 제주로 향하는 상당한 무게의 철근이 아니었는지도 확인해야 한다.

또 증축이 곧 화물량을 증가시키는 돈벌이로 인지되고, 화물량 증가를 위험하지 않게 보는 전문가들의 의견이 있는 상황에서, 검경은 한국선급의 조건부 증축 허가에 대한 조사에 소홀하지 않았는지 살펴봐야 한다. 조건부 증축 허가가 물량 증가로 이어질 수 있는 상태에서 허가가 이루어졌다면 한국선급 등 안전 담당자를 조사할 필요가 있다. 증축이나 화물 과적 등의 비리에 대한 징계 문제도 검찰과 감사원에 추가 조사를 요구해야 한다.

인양이 지연된 이유뿐 아니라, 인양이 결정된 뒤 정부 안에서 고의적 지연, 예산 낭비, 증거물 훼손, 유해에 대한 반인권적 대우가 벌어졌는지 또한 조사가 필요하다.

주요 조사 대상

선체 인양의 주무 부서인 해양수산부 인양추진단 관련자와 의사 결정자

해양수산부의 인양 추진을 점검하고 관리했던 청와대 대통령비서실, 국무총리실 등 보고 라인

2014년 4월 17일 당시 최초 인양을 준비했던 해경과 언딘 관련자

선체 인양 실무 작업에 용역한 상하이샐비지, 영국 TMC, 화이트마린호 관계자

세월호 구조 다그치던
해경 항공기,
왜 25분 만에 돌변했는가

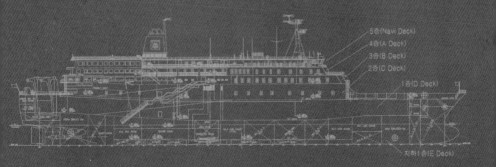

2014년 4월 16일 오전 7시 18분. CN-235기(B-703)는 중국 어선들의 불법 조업을 단속하기 위해 김포항공단을 출발했다. 해경 초계기인 챌린저와 CN-235기의 주요 임무는 중국 어선을 단속하는 것이었다. 여기서 CN-235는 비행기의 기종을 말하고, B-703은 비행기의 고유 번호를 말한다. CN-235 기종은 여수항공대에 B-705호와 B-704호가, 인천 중부항공단에 B-703호와 B-706호가 배치되어 있다. 기존 챌린저 기종의 단점인 저공비행 문제를 극복한 CN-235기는 저공·고공비행이 가능하고, 최상급 탐색 레이더, 열영상 장비, 조명탄, 구명벌 투하 장비 등을 갖춘 최신 항공기이다. 공군에서 먼저 도입한 뒤 성능이 입증되자 2011년 해경도 1500억여 원을 들여 도입했다. 해경 초계기들인 챌린저와 CN-235기의 주요 임무가 중국 어선을 단속하는 것이 된 지는 오래되었다. 중국 어선들의 불법 어업은 해가 갈수록 거세어졌고, 그들은 무기까지 갖추고 연안 바다에까지 침범해 들어왔다. 해경의 중요한 훈련이 중국 어선들과의 '전투'를 염두에 두고 진행된 것은 어찌 보면 당연했다. 2011년 중국 어선을 단속하다 해경 대원 1명이 사망한 사고가 일어난 다음부터였다.

'별도의 지시 없이'
'자신의 판단으로'

                 B-703호는 참사 당일 오전 7시 18분 김포 공항을 이륙해, 8시 18분 태안, 8시 34분 군산을 거쳐 9시 12분 가거 초에 도착했다. 순찰한 결과 별 이상이 없었다.

  9시 16분께 기장은 VHF 주파수를 통해 침몰 중인 선박이 구조를 요청하고 있다는 것을 알게 되었다. 공군에서도 CN-235기를 오래 몰았던 노련하고 자부심 강한 기장은 9시 16분 '스스로의 판단'에 따라 세월호 현장으로 이동했다.

  세월호 현장으로 이동한 경위에 대해 기장은 세월호특조위의 조사에서 '별도의 지시 없이' '자신의 판단으로' 이동했다고 진술했다. 하지만 세월호특조위 1차 청문회에 출석한 이춘재 해경 경비안전국장은 당시 CN-235기의 출동과 관련해 "B-701이, 챌린저 비행기가 먼저 현장에서 중국 어선들 순시를 하다가 바로 현장에 투입이 됐고요. 후속 조치로 CN-235가, 그러니까 정확하게 어느 비행기인지는 잘 모르겠는데, CN-235기도 현장으로 이동 지시가 내려간 것으로 알고 있습니다"라고 답했다.

  중국 어선 단속이라는 분명한 임무를 띠고 이륙한 비행기가 상황실이나 소속 항공단의 지시 없이 이동하는 것은 좀처럼 없는 일이다. 그래서 이춘재 국장은 지휘부의 이동 지시가 있었다고 답한 것일까. 어느 쪽이 진실이든 서로 다른 주장을 하는 것만은 분명하다.

세월호 구조 다그치던 해경 항공기,
왜 25분 만에 돌변했는가

구분		VHF	SSB(HF)	TRS	위성전화
비행기	챌린저	장착	장착	미장착	장착
	C-212	장착	장착	미장착	장착
	CN-235	장착	장착	미장착	장착

해경 항공기의 교신 장치 현황
출처: 2014년 국정조사 정진후의원실

　이상한 것은, 사고 현장으로 급박하게 출동하던 B-703호가 초반에 누구와도 연락하거나 교신하지 않는다는 점이다. 표에서 보듯 CN-235 기종에는 세월호에도 탑재된 VHF와 SSB라는 통신 장비가 있어서 세월호와 얼마든지 교신할 수 있었다. 그런데 B-703호는 세월호의 사고 상황을 수신한 뒤 현장으로 이동하는 중에도, 그리고 현장에 도착해서도 세월호와 한 번도 교신하지 않았다. 9시 26분 사고 현장에 도착한 이후, 연료 수급을 위해 낮 12시 42분 제주공항을 향해 떠날 때까지 3시간 16분 동안 단 한 번도 세월호와 교신하지 않았다.

아무와도 교신하지 않은
B-703호

사고 현장으로 가는 해경 비행기가 이동 중에 사고 선박의 상황을 파악하고자 하는 것은 너무나도 당연한 일이다. 선박에서 무슨 일이 일어나는지, 사고 선박은 현재 어떻게 대처하는지에 대한 정보가 있어야 자신들이 가서 어떻게 조치하고 대응할지 판단할 수 있기 때문이다. 하지만 B-703호는 교신하지 않았다. 심지어 현장에 도착해서도 교신하지 않았다.

그뿐 아니라 이후 오전 9시 35분께 현장에 도착하는 현장지휘함 해경 123정과도 B-703호는 한 번도 교신하지 않는다. 현장을 지휘하는 위치에 있는 배와 교신하는 것 역시 너무나도 당연한 일이다. B-703호가 먼저 현장에 도착했으므로 그때까지의 상황을 이야기해주고 앞으로 구조 작업을 같이 어떤 식으로 진행할지 논의해야 했다. 하지만 그들은 교신하지 않았다.

소속이 어디든 항공기가 일단 이륙을 하면 공군의 통제를 받게 된다. 한반도 상공의 모든 비행기의 항로, 정보 등을 통제하는 곳이 바로 MCRCmaster control and report center, 중앙방공통제소이다. 모든 항공기의 교신 기록이 이곳에 보관된다. 세월호 참사 당일 MCRC 기록은 제대로 공개되지 않았다. 세월호특조위가 참사 당일의 교신 기록을 요청했으나 공군 측은 보안을 이유로 필요한 자료를 제공하지 않았다. 세월호 참사 당일 순차적으로 도착한 해경 초계기

B-703호, 헬기 B-511호, B-513호 등 항공기의 교신 기록 전문을 제공받아 확인하는 것은 진실 규명을 위해 반드시 필요한 일이다.

구명벌 투하도, 구조도
하지 않으면서

B-703호의 이상한 점은 그것만이 아니다. 당시 B-703호에는 구명벌 5개와 구명벌 투하 장비가 탑재되어 있었다. 구명벌이란 천막처럼 펴지는 둥근 형태의 구명보트를 말한다. 당시 세월호의 상황에서는 구조 세력이 사용 가능한 모든 구명벌을 투하하고 승객들을 전원 퇴선시키는 것이 가장 중요한 일이었다. 그토록 중요한 일을 사고 현장에 최초로 도착한 해경이 하지 않았던 것이다. 그것도 5개나 보유하고 있었는데도. 그토록 다급하게 현장으로 간 B-703호는 왜 구명벌을 투하하지도, 구조 활동을 하지도 않았을까.

'9시 26분 B-703호가 현장에 도착했다. 전남 진도군 조도면 병풍도 북방 1.5해리.' 이것이 당시 B-703호가 작성한 경찰 전보 내용이다. 현장에 도착할 당시 세월호는 이미 왼쪽으로 40도가량 기울어 침몰 중이었다. B-703호는 오전 9시 35분부터 현장 채증 임무와 항공기 통제 업무를 시작했다.

9시 28분 B-703호 기장은 인근의 항공기들에게 공군 주파수로

맞추어달라고 요청한다. 9시 38분 '지금 저 인명 구조하고 있는 헬기들이 주파수가 지금 어디 가 있는지 CONTACT가 안 되니까, 현장에 들어오면 지금 100FT 400FT에 있으니까 공중 경계 잘해요'라는 내용을 전달한다. 9시 45분에는 해경 헬기 B-511호, B-513호가 침몰 선박 근처에 도착했다며 본격적인 교통 정리를 부탁한다. 9시 58분 '잠시 후에 본청 1번님(해양경찰청장)께서 출발하셔가지고 현장에 오실 예정이니까 너무 임무에 집착하지 말고 안전에 유의'하라고 교신한다.

10시. 다시 한 번 '너무 무리하게 임무하려고 하지 말고' 빠져달라고 말한다. 세월호는 이미 70도 가까이 기울었는데 하늘 위에서는 그렇게 한가로울 수가 없었다. 해양경찰청장의 현명한 현장 지휘를 기다렸던 것일까.

09:58:29

예. 해경511 수신 여부

09:58:36

지금 다른 항공기들은 주파수가 지금 다 분리되어 있어가지고 지금 연락되는 대로 123.1, 123.1로 전부 다 주파수 다 넘어오라고 하세요. 그리고 잠시 후에, 잠시 후에 본청 1번님께서 출발하셔가지고 현장에 오실 예정이니까 너무 업무에 집착하지 말고 안전에 유의하세요.

09:58:48

아, 헬기들이 현장을 이탈할 때, 이탈할 때, 이탈하는 방향을 중계를 한 후에 이탈할 수 있도록 하세요. 그리고 지금 헬기 간격, 너무 가깝습니다.

10:00:10

그리고 지금 저 공군에서도 헬기가 들어와 있으니까, 너무 무리해서 임무하려고 하지 말고 (혼선) 어느 정도 인원을 실었으면 빨리 서거차도 쪽으로 이동하고 빠져줘요.

_참사 당일 해경 B-703호 항공 교신 녹취록(박주민의원실)

10시 8분 해군 헬기를 부르는 B-703호. 해군 헬기는 구조를 위한 호이스트(헬기용 구명 인양기)를 갖추고 있지 않아서 인원 구조를 할 수 없다는 것이 확인된다. 10시 14분에야 B-703호는 인명 구조가 급하다고 헬기들을 다그친다.

KBS와의 인터뷰,
진실 혹은 거짓

출처: 당시 KBS
보도 화면 캡처

KBS뉴스특보
472명 탄 여객선 '침몰'

KBS1

이교민 경위/사고해역 수색 해경 항공기 부기장

    오전 10시 31분. 경찰 전보에는 '여객선(세월호) 침몰. 선수 10미터 보임'이라고 적혀 있다(이어 11시의 경찰 전보에는 위급 환자가 발생해 123정에 교신한다고 나온다). 10시 38분 B-703호는 카모프 헬기를 부르며 '닻 쪽에 침몰되어 있는 위에 사람이 있는 것 같은데 가까이 접근 한번 해보라'고 말한다. 그러다가 1분 후인 10시 39분에 진입할 필요가 없다고 이야기한다. 당시 해경의 채증 화면이 닻 주변을 연속 비추고 있는 것을 보면 추가 탈출자가 있는지 확인한 것으로 보인다. 그러면서 바로 10시 39분 소방헬기와 교신 중에 '지금 현재 구조 인원 파악 안 되고요, 전체 인원이 다 구조가 다 안 됐어요'라고 대답한다. 당시 승객들이 구조되지 않았다는 사실을 교신 중이던 기장은 분명히 인지하고 있었다.

그런데 1분 전, 기장의 옆자리에 앉아 있었을 것으로 추정되는 부기장(세월호특조위의 조사에서 부기장이 아니라 '교육'으로 확인)이 KBS와 인터뷰를 한다.

> **10시 38분**
> 현장 상공에 떠 있던 해경 항공기 B-703호 부기장의 KBS 인터뷰
> "대부분의 사람들은 구조가 된 상황입니다."
> **10시 39분**
> B-703호 기장의 항공 교신
> "전체 인원이 구조가 다 안 됐어요."

그날 하늘 위의 증인이었던 두 사람, 같은 항공기에 나란히 앉아 있었을 것으로 추정되는 기장과 부기장, 2명의 해경은 왜 서로 다른 이야기를 전파하고 있었을까.

당시 구조 상황과 관련해서는 해경 헬기 B-512호 기장의 다음 진술이 주목된다.

> **재판부:** 증인은 구조된 학생으로부터 '아직도 객실에 사람들이 많이 남아 있습니다. 안에서 나오지 못하고 있습니다'라는 말을 들은 사실이 있나요.
> **기장:** 예. 있습니다.

재판부: 그 말을 언제 들었나요.

기장: 제가 직접 들은 것은 아니고 마지막 3소티[출격 횟수] 때 그 학생이 기내에 있는 정비사에게 '아직 여객선 안에 배 안에 승객들이 많이 있다'고 하였는데, 서거차도에 마지막 인원을 하화시키기 위해 다가가는 과정에서 그 정비사로부터 '학생이 이야기하는데 지금 배 안에 승객이 많이 남아 있다'라는 이야기를 들었습니다. 그래서 부기장이 공중에서 공중을 통제하고 있던 CN-235 인천 고정익항공기에 무전으로 그 내용을 알렸습니다.

_선원 재판 1심 9회 공판조서, 2014년 9월 30일

하늘 위에서 빠른 속도로 침몰되어가는 세월호를 고공, 저공비행으로 근접 촬영하며 항공기 안 모니터로 바라보고 있었을 B-703호. 항공 통제 업무를 진행하는 동안 지속적으로 세월호, 123정과 교신을 시도했어야 했다. 헬기 B-512호 기장은 구조된 학생에게서 '선내에 승객들이 많이 남아 있다'는 사실을 들었고 이를 B-703호에 전달했다고 법정에서 진술했다. 세월호의 상황을 그 당시 누구보다 잘 알고 있었을 B-703호는 왜 해경 본청 상황실에 제대로 보고하지 않았을까. 당시 항공기 교신 녹취록을 보면 B-703호 기장은 소방헬기에 '전체 인원이 다 구조가 안 됐어요'라고 이야기하고 있다.

해경 B-703호: 소방 헬기, 여기 해경.

소방헬기: 네. 저희들, 진입할까요? 어떻게 할까요?

해경 B-703호: 아, 진입할 필요 없습니다. 진입하지 마세요.

소방헬기: 진입해요?

해경 B-703호: 진입… 아….

소방헬기: 헬기로는 구조가 안 되겠지요?

해경 B-703호: 예. 구조할 인원이 없습니다. 복귀하셔도 될 거 같습니다.

소방헬기: 인원은 다 복귀… 구조된 겁니까?

해경 B-703호: 지금 현재 구조 인원 파악 안 되고요. 전체 인원이 다 구조가 다 안 됐어요.

소방헬기: 아, 그러면 저희들은 저기 뭐야… 다른 곳 시도 소방헬기들도 다 오고 있는 중이거든요.

해경 B-703호: 네. 지금 현재 헬기로 구조할 상황이 없습니다. 돌아가시라고 하세요.

소방헬기: 예. 알겠습니다.

해경 B-703호: 예. 고생하셨습니다.

소방헬기: 예. 수고하십시오.

_참사 당일 오전 10시 39분경 항공 교신 녹취록(123.1메가헤르츠)

참사 당일 해경 B-703호의 진실은 무엇일까요?

오전 11시 36분: 소방헬기(전남도지사 탑승) 1대, 경찰 헬기 1대 현장 도착

낮 12시 10분: 미 해군 항공기(rescue호) 2대 현장 도착

낮 12시 40분: 청장님, B-517호기 이용 3009함에 도착

__참사 당일 경찰 전보

세월호 참사가 발생한 지 3년 넘게 지난 지금, 밝혀진 것은 아무 것도 없다. 전면적인 재수사가 이루어져야 한다. 해경 초계기 B-703호가 그 출발점이 될 수 있다.

세월호 구조 다그치던 해경 항공기,
왜 25분 만에 돌변했는가

세월호참사 팩트체크

: 밝혀진 것과 밝혀야 할 것

발행일 초판 1쇄 2017년 8월 30일

지은이 416세월호참사 국민조사위원회
펴낸이 임후성
펴낸곳 북콤마
편집 김삼수
디자인 Miso

펴낸 곳 북콤마
등록 제406-2012-000090호
주소 (413-756) 경기도 파주시 문발동 파주출판단지 534-2 201호
전화 031-955-1650 **팩스** 0505-300-2750
이메일 bookcomma@naver.com   **페이스북** facebook.com/bookcomma
블로그 bookcomma.tistory.com   **트위터** @bookcomma
ISBN 979-11-87572-04-6 (03300)

❜ BOOKcomma